ellermann

Barbara Korthues, 1971 geboren, studierte Visuelle Kommunikation in Münster. Seit 1996 lebt und arbeitet sie als freie Illustratorin in Stuttgart und hat bereits zahlreiche Kinderbücher illustriert.

ellermann im Dressler Verlag · Hamburg
© Dressler Verlag GmbH, Hamburg 2013
Alle Rechte vorbehalten
Einband und farbige Illustrationen von Barbara Korthues
Druck und Bindung: Offizin Andersen Nexö, Leipzig
Printed 2013
ISBN 978-3-7707-2494-9

www.ellermann.de

Ich kann das schon!

Geschichten für kleine Abenteurer, Ausprobierer und Entdecker

Isabel Abedi, Kirsten Boie, Astrid Lindgren,
Mirjam Pressler, Elisabeth Zöller u. a.

Bilder von Barbara Korthues
Herausgegeben von Lea Ruschmeyer

ellermann im Dressler Verlag · Hamburg

Inhaltsverzeichnis

Ich will auch Geschwister haben

Astrid Lindgren

Peter ist jetzt so groß.

Aber früher war er einmal so klein.

Damals konnte er nicht laufen und nicht sprechen. Nur brüllen konnte er. Wenn er schrie, kam seine Mutter und nahm ihn aus seinem Bett und legte ihre Wange gegen Peters Wange und sagte, er sei das niedlichste Kind auf der ganzen Welt. Und wenn Peter Hunger hatte, gab seine Mutter ihm zu trinken.

Jeden Abend badete sie ihn in einer Wanne. Dann zappelte Peter wie ein kleiner Fisch, und manchmal versuchte er die Seife aufzuessen. Papa machte es großen Spaß zuzuschauen, wenn Peter gebadet wurde. Denn Peter war ja beinahe das niedlichste Kind auf der ganzen Welt. Und Mama und Papa hatten ihn sehr, sehr lieb.

Später wurde Peter dann größer und konnte laufen und sprechen und Frikadellen essen und mit Bauklötzen bauen und mit den Kindern auf der Straße spielen. Auf der Straße traf er manchmal einen Jungen, der hieß Jan. Eines Tages kam Jan ihm entgegen und schob einen Kinderwagen. Er sah mächtig stolz aus. In dem Wagen lag ein Baby, und Jan sagte: »Das ist mein Brüderchen.«

»Aha«, sagte Peter.

»Hast du keine Geschwister?«, fragte Jan.

»Nöö, aber ich habe zu Hause ein Lastauto, auf das kann man Bauklötze laden«, sagte Peter.

»Ein Brüderchen ist besser«, sagte Jan. »Dann darf man den Kinderwagen schieben.«

»Pfff«, machte Peter.

Als er aber nach Hause kam, sagte er zu seiner Mutter: »Ich will auch Geschwister haben.«

Da sagte seine Mutter etwas ganz Merkwürdiges. »Du *bekommst* Geschwister«, sagte sie, »entweder ein Schwesterchen oder ein Brüderchen.«

Peter war sehr erstaunt. Sonst musste man viel länger quengeln, wenn man sich irgendetwas wünschte.

»Darf ich mitgehen und das Baby kaufen?«, fragte Peter.

Da sagte seine Mutter wieder etwas Merkwürdiges. »Babys kann man

nicht kaufen. Dein kleiner Bruder oder deine kleine Schwester wächst in mir. Hast du nicht gesehen, dass mein Bauch so dick geworden ist? Bald ist das Baby groß genug und will herauskommen. Dann fahre ich ins Krankenhaus, denn dort hilft man den Babys, auf die Welt zu kommen.«

Eines schönen Tages kam Mama ins Krankenhaus, und als sie wieder heimkam, brachte sie Peters Schwester mit. Das war ein runzeliges kleines Ding, das schrie. Peter freute sich trotzdem. Es machte ihm Spaß, sich ihre kleinen Finger und Zehen anzuschauen. Und wenn sie »ä-ä-ä-äh« schrie, ahmte Peter sie nach und schrie ebenfalls »ä-ä-ä-äh«.

»Sie heißt Lena«, sagte Mama.

Lena konnte nicht laufen und nicht sprechen, bloß brüllen. Wenn sie schrie, kam Mama und nahm sie aus ihrem Bett und legte ihre Wange gegen Lenas Wange und sagte, sie sei das niedlichste Kind auf der ganzen Welt. Ja, außer Peter natürlich. Wenn Lena Hunger hatte, gab Mama ihr zu trinken. Jeden Abend wurde Lena in einer Wanne gebadet und Papa und Peter schauten zu. Mama und Papa hatten Lena sehr, sehr lieb.

Peter aber gar nicht. Peter hatte Lena gar nicht lieb, wenn er es sich richtig überlegte. Es machte überhaupt keinen Spaß, eine Schwester zu haben. Und es war doch wirklich komisch, dass Mama und Papa dieses Bündel lieb hatten, das bloß immer brüllte. Aber sie hatten es wirklich lieb, das war deutlich zu sehen. Vielleicht hatten sie Lena sogar lieber als Peter. Das schien Peter so. Und als ihm das einfiel, wurde er ganz furchtbar böse auf Lena.

Ich war schön dumm, als ich sagte, ich wollte Geschwister haben, dachte er. Warum habe ich mir nicht stattdessen lieber ein Dreirad bestellt!

Und er überlegte sich, ob er Lena nicht vielleicht gegen ein Dreirad um-

tauschen oder aber sie verkaufen und für das Geld ein Dreirad kaufen könnte. Es gibt aber sicher niemanden, der sie haben will, dachte er und haute Lena, die auf einer Decke auf dem Fußboden lag.

Da kam Mama und packte Peter fest am Arm und sagte, er solle sich schämen, dass er das Schwesterchen schlage. Und nun wurde Peter noch wütender auf Lena und auf Mama auch und er stieß mit den Füßen nach Mama. Er ärgerte sich. Aber er schämte sich auch ein wenig. Er wollte es aber nicht zeigen.

Lena schrie, und Peter dachte, es wäre vielleicht gut, wenn man sie an einer Leine aus dem Fenster hängen könnte, damit man nicht anzuhören brauchte, wie sie brüllte. Wenn Mama Lena im Arm hatte und ihr zu trinken gab, machte Peter immer so viel Unfug, wie er nur konnte. Bloß damit Mama gezwungen war, Lena beiseitezulegen und zu ihm zu laufen und nachzusehen, was er machte.

Einmal nahm er eine Schere und schnitt sich fast alle Haare ab und ein andermal nahm er die Teekanne und schmiss sie auf den Fußboden, dass es nur so knallte. Da kam Mama angerast und das war schön. Schließlich war sie ja zuallererst Peters Mutter gewesen und nicht Lenas.

Eines Tages war Peter ganz unglücklich. Er saß in einer Ecke und weinte, denn er glaubte, Mama und Papa hätten nur Lena lieb und ihn gar nicht.

Da kam Mama zu ihm und zog ihn auf den Schoß und wiegte ihn hin und her, genauso wie sie es immer mit Lena machte. Und dann sagte sie: »Ich hab dich ganz furchtbar lieb, Peter. Zuerst hatte ich meinen kleinen Peter lieb und jetzt habe ich meinen großen Peter lieb.«

Da kuschelte sich Peter noch tiefer in Mamas Arme und dann sagte er: »Lena ist wirklich dumm.«

»Lena ist nicht dumm«, sagte Mama. »Lena ist klein. Und kleine Kinder machen sehr viel Mühe.«

»Jaaa«, sagte Peter.

»Ich finde, du solltest mir helfen, für Lena zu sorgen«, sagte Mama. »Sie ist doch immerhin deine Schwester. Und wir haben sie für dich angeschafft. Also musst du dich auch um sie kümmern.«

»Hab ich viel Mühe gemacht, als ich klein war?«, fragte Peter.

»Aber ja«, sagte Mama. »Ich musste mich ständig um dich kümmern, sonst hast du geschrien.«

Da fand Peter, dass wohl Lena jetzt an der Reihe sei, klein zu sein und Mühe zu machen. Sicher war es das Beste, wenn er Mama half und für Lena sorgte.

Und das tat er.

Er wusch Lena den Rücken, wenn sie gebadet wurde, und hielt das Badetuch bereit und deckte sie gut zu, wenn sie schlafen sollte, und sagte: »Und nun wird nicht geschrien, du Schreiliese.« Und Lena schrie nicht, sondern schlief sofort ein. Das tat sie bestimmt, weil Peter zu ihr gesagt hatte, sie solle still sein.

Mama freute sich sehr, dass Peter ihr half, für Lena zu sorgen.

Wenn die Sonne schien, gingen Mama und Peter mit Lena hinaus, und Peter durfte den Kinderwagen schieben. Die Kinder auf der Straße kamen alle herbeigelaufen und guckten und dann sagte Peter: »Das ist mein Schwesterchen!«

So verging die Zeit, und Peter war jetzt so groß und Lena so groß. Da be-

kamen sie ein Brüderchen und das hieß Nils. Nils konnte nicht sprechen und nicht laufen, bloß brüllen. Wenn er schrie, nahm Mama ihn aus seinem Bett und legte ihre Wange an Nils' Wange und sagte, er sei das niedlichste Kind auf der ganzen Welt. Ja, außer Peter und Lena natürlich.

Jeden Abend wurde er in einer Wanne gebadet und Papa und Peter und Lena schauten zu. Mama und Papa und Peter und Lena hatten Nils sehr, sehr lieb. Er war ja allerdings klein und machte Mühe und Mama hatte nicht mehr so viel Zeit für Peter und Lena. Aber das war nicht so schlimm. Denn Peter und Lena machten im Kinderzimmer eine Kissenschlacht und hatten viel Spaß. Es war doch wirklich gut, dass Peter Lena nicht gegen ein Dreirad umgetauscht hatte. Sonst hätte er jetzt keinen gehabt, mit dem er eine Kissenschlacht machen konnte.

Eine Nacht bei Sina

Marliese Arold

Sina und Jana gehen in den Kindergarten. Sie sind dicke Freundinnen, die alles zusammen machen: spielen, essen, turnen. Die eine kann ohne die andere nicht sein. Wenn Sina aufs Klo geht, muss Jana auch. Wenn Jana Bauchweh hat, dann jammert Sina auch bald. Und wenn der Kindergarten aus ist, können sich Jana und Sina gar nicht trennen. Manchmal geht Sina noch zu Jana. Oder Jana geht zu Sina. Aber nachts schläft jede in ihrem eigenen Bett.

»Wann darf ich endlich mal bei Sina schlafen?«, bettelt Jana jeden Tag. Mama telefoniert mit Sinas Mutter.

»Am Samstag«, sagt sie dann.

»Hurra!« Jana freut sich riesig.

Am Samstagvormittag fängt Jana an, ihre Sachen zu packen. Was muss alles zu Sina mit? Teddy, Schlafanzug, Zahnbürste ... Am Abend liefert Mama Jana bei Sinas Eltern ab.

»Schlaf gut.« Sie gibt Jana einen Kuss.

Nach dem Abendessen ziehen sich Sina und Jana um und putzen sich die Zähne. Jana soll auf Sinas Spielmatratze schlafen. Darauf haben die beiden Mädchen schon oft »Bei-Sina-Schlafen« gespielt.

Sinas Vater liest ein Bilderbuch vor. Dann knipst er das Licht aus.

»Schade, dass du nicht meine Schwester bist«, sagt Sina im Dunkeln.

»Aber dann könnten wir ja nur eine Mama und einen Papa haben«, meint Jana. Sie überlegen, für welche Mama und welchen Papa sie sich entscheiden würden. Jana denkt an ihre Mama. Sie hat so große Sehnsucht nach ihr, dass sie ein bisschen weinen muss.

»Schläfst du schon?«, fragt Sina.

»Nein.«

»Willst du in mein Bett?«

Jana krabbelt unter Sinas Decke. Zu zweit ist es schön kuschelig warm.

»Freundinnen zu sein ist auch ganz gut«, meint Sina. »Dann können wir unsere Mamas und Papas behalten.«

»Ja.« Jana lächelt, und bald schlafen die beiden ein.

Viel Wirbel auf dem Reiterhof
Sabine Streufert

Die kleine Hexe Lotti steht mit ihrem Besen Wirbelwind hinter einem großen Stapel Heuballen und beobachtet neugierig das Treiben auf dem Reiterhof. Ein paar Jungen und Mädchen fegen den Hof, andere satteln ihre Ponys für einen Ausritt oder für die Reitstunde. Lotti betrachtet neugierig die Ponys. Es gibt so viele verschiedene: schwarze, weiße, braune und gefleckte.

Bei Lotti zu Hause, in der Märchenwelt, gibt es keine Ponys – nur scheue weiße Einhörner, und die lassen sich nicht reiten. Da hilft auch keine Hexerei.

»Reiten muss toll sein«, flüstert Lotti Wirbelwind zu. »Das würde ich zu gern mal ausprobieren.«

Plötzlich tippt ihr jemand auf die Schulter. Lotti dreht sich erschrocken um. Man hat sie entdeckt! Das gibt bestimmt Ärger. Aber das Mädchen vor ihr lacht freundlich: »Genug gefegt«, sagt sie und zeigt auf Wirbelwind. »Komm mit, der Reitkurs fängt gleich an.« Ehe Lotti etwas erwidern kann, greift das Mädchen ihre Hand und zieht die kleine Hexe hinter sich her zu den Pferden.

Plötzlich bleibt das Mädchen stehen. »Warte«, sagt sie und deutet auf

Lottis Kopf. »Da fehlt noch was.« Sie verschwindet im Stall und kommt gleich darauf mit einer schwarzen Reitkappe zurück, die sie Lotti auf den Kopf setzt. »So ist es besser«, sagt sie und lacht. »Komm, jetzt gehen wir zu den Ponys.«

»So ein Glück«, flüstert Lotti Wirbelwind zu. »Das Mädchen glaubt, dass ich zu ihrem Reitkurs gehöre. Vielleicht darf ich ja mitreiten.«

Neben dem Stall warten schon die Ponys. »Willst du heute auf Trixi reiten?«, fragt das Mädchen und zeigt auf ein zotteliges schwarzweißes Pony ganz hinten in der Reihe. »Trixi ist ganz lieb.«

»Gern.« Lotti nickt. Mit den großen schwarzen Knopfaugen sieht Trixi richtig süß aus.

Die kleine Hexe lehnt ihren Besen an die Stallwand. »Du wartest hier«, flüstert sie ihm zu. »Wenn meine Reitstunde zu Ende ist, hole ich dich wieder ab. Und mach bitte keinen Blödsinn, wir dürfen nicht auffallen. Versprochen?« Wirbelwind antwortet nicht. Steif wie ein echter Besen lehnt er an der Stallwand und rührt sich nicht.

Das klappt ja prima!, denkt Lotti und fängt an, das Pony so zu putzen, wie sie es bei den anderen Kindern gesehen hat. Beim Striegeln und Hufesäubern hält Trixi ganz still. Nur als Lotti den Sattel anlegen will, muss sie heimlich ein wenig hexen, damit es klappt. Aber das fällt zum Glück niemandem auf. Dann beginnt die Reitstunde. Schritt, Trab und sogar Galopp – Lotti kann gar nicht genug bekommen, so schön ist das.

Die Zeit vergeht wie im Flug. Am Ende der Reitstunde führt Lotti ihr Pony erschöpft, aber glücklich zurück in den Stall. Dann ist es Zeit, wieder nach Hause zu fliegen. Sie geht um den Stall herum, um ihren Besen zu holen. Aber Wirbelwind ist nicht mehr da.

»Oh nein!«, ruft die kleine Hexe verzweifelt. »Ohne Wirbelwind komme ich nicht zurück in die Märchenwelt.« Lotti ist ganz durcheinander. Sie denkt gar nicht daran, Wirbelwind einfach herbeizuhexen. Verzweifelt sucht sie den gesamten Reiterhof ab. Sie schaut in jeden Schuppen und in jede Pferdebox. Sie sucht hinter dem Misthaufen und in der Sattelkammer, aber ihr Besen ist nirgends zu sehen. Plötzlich entdeckt sie Wirbelwind inmitten einer Gruppe von Kindern. Sie johlen und klatschen.

»Oh weh!« Lotti ahnt Schlimmes – und sie behält recht. Wirbelwind macht seinem Namen mal wieder alle Ehre. Wie von Geisterhand saust er kreuz und quer über den Hof, fegt Stroh, Staub und Pferdeäpfel beiseite und freut sich riesig über den Beifall der Kinder, die staunend zusehen. Erst als Lotti einen kleinen Zauberspruch murmelt, steht Wirbelwind still. Lotti drängt sich an den verdutzten Kindern vorbei und schnappt sich ihren Besen. »Du hast mir doch versprochen, nicht aufzufallen«, flüstert sie streng. Wirbelwind biegt betreten den Stiel. Lotti lächelt. Sie kann ihrem Besen sowieso nicht lange böse sein. Jetzt muss sie sich aber schleunigst um die Kinder kümmern. Sie hebt die Hände und hext eine kleine Staubwolke herbei. Dann murmelt sie beschwörend:

»Wolken ziehen, Gedanken vergehen,
eins, zwei, drei,
ihr habt nicht das Geringste gesehen.«

Und während sich die verdutzten Kinder noch den Staub aus den Augen reiben und sich fragen, was gerade passiert ist, steigt die kleine Hexe Lotti auf ihren Besen und fliegt blitzschnell zurück in die Märchenwelt.

Zu Hause muss Lotti noch lange daran denken, wie wunderschön es auf dem Reiterhof in der Menschenwelt war. Und jede Nacht, wenn Wirbelwind neben Lottis Bett steht und so schön nach Stroh und Ponystall riecht, träumt die kleine Hexe glücklich von Trixi und ihrer allerersten Reitstunde.

Ben und Lena im Kindergarten

Mirjam Pressler

Ben geht heute zum ersten Mal in den Kindergarten. So richtig, nicht nur auf Besuch. Deshalb gibt es zum Frühstück Pfannkuchen. Weil Ben die so gerne isst. Lena geht zwar nicht zum ersten Mal in den Kindergarten. Aber Pfannkuchen bekommt sie auch.

Lena schnappt sich ihre Kindergartentasche. Da ist etwas zu essen drin. Den Rucksack von Ben trägt Mama. Unterwegs zum Kindergarten will Mama Ben an die Hand nehmen. Er will aber nicht. »Ich bin jetzt auch groß«, sagt er.

Vor dem Kindergarten bleibt Ben stehen.

»Vielleicht gehe ich doch wieder mit dir heim«, sagt er zu Mama. »Vielleicht gehe ich erst morgen zum ersten Mal in den Kindergarten.«

»Gestern hast du gehen wollen«, sagt Mama.

»Ja, gestern …«, sagt Ben.

Im Kindergarten wird Ben schon erwartet. »Ich bin Brigitte«, sagt eine freundliche Frau. »Du kommst in meine Gruppe. Zu den Hamstern.« Lena hängt ihre Jacke auf.

Mama gibt Lena einen Kuss. Und Ben gibt sie auch einen. Dann geht sie.

Brigitte nimmt Ben an die Hand und geht in den Hamster-Raum. »Hört alle mal her«, sagt sie. »Das ist Ben. Er ist neu bei uns.« Die Kinder schauen kurz auf, dann spielen sie weiter.

Brigitte sagt: »Schau nur, was wir hier alles haben: eine Puppenecke, eine Kuschelecke, eine Bauecke, eine Rutsche und einen Maltisch. Und draußen ist die Cafeteria. Da gehen wir hin, wenn wir essen.«

»Wo ist Lena?«, fragt Ben.

»Lena ist in der Igel-Gruppe«, sagt die Kindergärtnerin.

Ben setzt sich an den Maltisch. Da gibt es ganz verschiedene Stifte. Und ganz viele Farben. So viele hat Ben noch nie gesehen. Plötzlich stößt ihn ein Mädchen weg. »He, lass mich mal hin, ich will jetzt malen!«

Ben schaut sich um. Überall spielen Kinder. Aber kein einziges Kind sagt: »Ben, spiel mit mir.« Oder auch nur: »Komm doch mal her!«

An der Rutsche toben zwei Kinder. Der Junge hat eine hübsche blaue Brille. Ben steigt die Leiter hinauf. Von oben sieht die Rutsche groß aus. Vielleicht soll er doch lieber nicht hinunterrutschen. Aber da gibt ihm der Junge einen Schubs. Und wutsch – sitzt Ben unten auf dem Po.

Das Mädchen lacht, der Junge lacht. »Heulsuse«, sagt der Brillenjunge, als Ben eine Träne über die Wange rollt. Ben geht weg. Eine blöde Brille hat der Junge auf. Wo ist nur Lena? Stimmt ja, bei den Igeln.

Ben weiß genau, wie ein Igel aussieht, deshalb findet er Lena gleich. Sie macht mit ihrer Freundin Meral ein großes Puzzle.

»Bring mich heim«, sagt Ben zu Lena. »Ich will zu Mama.«

»Mama ist nicht daheim«, sagt Lena. »Sie arbeitet doch in der Musikschule.« Dann greift sie ein Puzzlestück und schreit laut: »Ich hab's gefunden!«

»Blöde Lena«, sagt Ben. »Blöder Kindergarten.« Er verlässt den Raum. Er

20

muss dringend aufs Klo. Wo das ist, weiß er. Von früher, wenn er Lena
manchmal im Kindergarten besucht hat. Aber jetzt kommt ihm das Klo
unheimlich vor. So groß. Und so leer. Beim letzten Mal ist Mama mit ihm
aufs Klo gegangen.

Ben fällt ein, dass er ja alleine heimgehen kann. Er kennt den Weg. Er
nimmt seinen Rucksack mit dem Brötchen und dem Apfel und läuft durch
den Flur. Die Tür ist halb offen. Er geht hinaus. Aber da ist gar nicht die
Straße – da ist der Garten.

Hinter einem Busch bewegt sich etwas. Neugierig geht Ben näher. Ein Junge sitzt da. Er hat lustige braune Locken. Der Junge deutet auf eine Holzeisenbahn vor sich und sagt: »Wenn du nicht verrätst, dass ich die Eisenbahn heimlich mitgenommen habe, darfst du mit mir spielen.«

Ben setzt sich zu dem Jungen in das Gras. Gemeinsam füllen sie die Eisenbahnwaggons für die große Fahrt. In einen Waggon kommen grüne Blätter, in den anderen Steine, in den dritten Holzstückchen. Der Junge heißt Philipp.

Brigitte fragt: »Wo ist denn Ben?«

»Keine Ahnung«, sagt der Junge mit der blauen Brille.

Brigitte sucht überall. Aber sie findet Ben nicht. Sie geht zu Lena.

»Ist Ben bei dir?«, fragt Brigitte.

Lena schüttelt den Kopf. Sie spielt jetzt mit Meral in der Puppenküche. »Das Essen ist fertig«, sagt sie, und Meral setzt die beiden Puppen an den Tisch.

»Lena«, sagt Brigitte laut.

Lena schaut auf. »Ich weiß es doch nicht. Er war vorhin mal kurz hier.«

Jetzt hilft auch Lena beim Suchen. Sie sucht im Turnraum und in der Ecke mit den Kissen. Kein Ben. Auch im Musikraum ist er nicht. Da sitzen nur drei Kinder und trommeln. Lena würde auch gerne trommeln. Aber sie muss suchen. Blöder Ben, denkt sie.

Lena geht zur Tür, die nach draußen führt. Und plötzlich sieht sie etwas hinter den Büschen blinken. Es ist Bens Pullover. »Ich hab ihn«, ruft Lena.

Lena und Brigitte laufen hinaus in den Garten.

Ben und Philipp beißen abwechselnd vom Apfel ab.

»Da bist du ja, Ben!«, sagt Brigitte.

Ben strahlt. »Das ist Philipp«, sagt er stolz. »Er ist mein Freund.«

»Willst du immer noch zu Mama?«, fragt Lena.

Ben schüttelt den Kopf. »Wieso denn?«, sagt er. »Wo ich doch gerade so schön spiele.«

Ein Armbruch ist kein Beinbruch
Petra Steckelmann

»Hui! Mama, guck mal!«, rief Mimi und strahlte übers ganze Gesicht. »So eine tolle Rutsche!« Schnell rannte sie über den Spielplatz. Mama hatte ihr versprochen, dass sie heute mal ganz alleine rutschen dürfte. Aufgeregt blieb Mimi an der Rutsche stehen und winkte ihrer Mama hektisch zu.

»Mama, nun komm endlich«, rief sie und stellte ihren Fuß schon mal auf die erste Sprosse der Leiter.

»Nun sei doch nicht so ungeduldig«, sagte Mama lachend, als sie bei Mimi ankam. »Du kannst doch den ganzen Nachmittag noch rutschen.«

Aber Mimi konnte nicht mehr abwarten. Vorsichtig krabbelte sie die Leiter Stufe für Stufe hinauf. Das war gar nicht so einfach. Ein bisschen musste Mama noch helfen, aber dann stand Mimi ganz stolz oben auf der Rutsche und schaute über den Spielplatz.

»Guck mal, da sind Leon und seine Mama«, rief sie und zeigte zum Eingang des Spielplatzes, wo gerade Leon, ihr bester Freund aus dem Kindergarten, auftauchte. Doch Leon hatte sie gar nicht gesehen und lief stattdessen zielstrebig hinüber zum Sandkasten.

»Leon, schau doch mal!« Aufgeregt hüpfte Mimi auf und ab. Sie wollte

unbedingt, dass Leon ihr beim Rutschen zusah. Wild wedelte sie mit den Armen und lehnte sich weit über den Rand der Rutsche.

»Mimi, pass auf!«, rief ihre Mama. Doch da verlor Mimi bereits das Gleichgewicht und fiel von der Rutsche.

Mit einem kräftigen Rums landete sie auf dem Sandboden. Das Nächste, was sie wahrnahm, war ein lautes »Knacks«-Geräusch irgendwo in ihrem Arm. Der stechende Schmerz, der folgte, trieb ihr die Tränen in die Augen.

Sie spuckte den Sand aus, den sie beim unsanften Aufprall geschluckt hatte. Da stand ihre Mama auch schon neben ihr. »Mimi, das sah ja gefährlich aus. Hast du dir wehgetan?«

»Mein Arm tut so weh!«, schniefte Mimi.

»Du arme Maus. Du bist ja auch draufgefallen«, sagte Leons Mama, die ebenso schnell zur Rutsche hinübergelaufen war. Sie beugte sich zu Mimi hinunter und strich ihr tröstend über die Wange.

»Bleib am besten ganz ruhig liegen, Mimi«, sagte sie beruhigend und drehte sich zu Mimis Mama um. »Ich ruf mal lieber einen Krankenwagen, sicher ist sicher«, sagte sie und holte ihr Handy schneller aus der Handtasche als Mimis Mutter. Die war nämlich auch ein wenig bleich um die Nase, und ihre Finger zitterten leicht.

Das Juchzen und Jauchzen der anderen Kinder war in weite Ferne gerückt. Mimi hörte nur noch ihren eigenen Herzschlag und wie durch Watte die Worte ihrer Mutter. »Vielleicht hast du dir den Arm gebrochen«, sagte ihre Mama und nahm sie sanft in den Arm. Mimi schmiegte sich fest an ihren Hals und weinte ein bisschen. Immer wieder strich ihre Mama ihr tröstend über den Kopf.

Kurz darauf kam auch schon der Krankenwagen. Ein Mann und eine junge Frau stiegen aus, beide in weißen Hosen und Hemden. Suchend blickten sie sich um und liefen dann schnell zu Mimi und ihrer Mutter rüber. Während der Mann mit Mimis Mama sprach, kniete sich die junge Frau vor Mimi hin und lächelte freundlich. »Hallo, ich bin Meike. Kannst du mir sagen, wo es dir wehtut?«

Mimi war von dem Fall noch ganz geschockt und konnte jetzt gar nichts sagen. Die Sanitäterin Meike gab ihrem Kollegen ein Zeichen und holte mit

ihm eine Trage aus dem Krankenwagen. »So, Mimi«, sagte sie ruhig. »Wir legen dich jetzt vorsichtig auf die Trage und fahren dich ins Krankenhaus.«

»Mama«, schluchzte Mimi und griff nach der Hand ihrer Mutter.

»Keine Sorge, mein Schatz. Ich fahre doch auch mit«, sagte ihre Mutter und drückte sanft ihre Hand.

Die Fahrt ins Krankenhaus bekam Mimi ebenso wenig mit wie die ersten Worte des Arztes in der Notfallambulanz.

»Mimi, das ist Doktor Liebig, er möchte deinen Arm mal genauer anschauen. Hörst du mich?«

Mimi sah ihre Mutter mit großen Augen an.

»Mimi?« Die besorgte Stimme ihrer Mama drang wie durch Watte zu ihr. In Mimis Kopf drehte sich alles. Sie nickte. »Ja, Mama, ich höre dich. Mir ist schwindelig.«

»Dann hat sie vielleicht eine Gehirnerschütterung«, sagte der Arzt zu Mimis Mutter. Er beugte sich zu Mimi runter und sagte: »Die Rutsche war sicherlich ziemlich hoch, oder?« Mimi nickte. »Gaaaanz hoch«, sagte sie und vergaß für einen Moment die Schmerzen.

»Ich glaube, dass nicht nur dein Arm verletzt ist, sondern dass bei dem Sturz auch in deinem Kopf einiges durcheinandergewürfelt wurde. Was hältst du davon, wenn du eine Nacht hier im Krankenhaus bleibst? Nur zur Sicherheit, falls dir übel wird und du spucken musst. Das kann schnell mal passieren, wenn man auf den Kopf gefallen ist.«

Im Krankenhaus bleiben? Mimi war entsetzt. Sie setzte sich auf und sah sich nun genauer um. Überall huschten Schwestern in Kitteln durch die Gänge und verschwanden hinter einer der vielen Türen. Es roch seltsam in dem Gebäude – nach Gummi, Staub und irgendetwas, was Mimi nicht

kannte. Hier wollte sie nicht bleiben. Skeptisch sah sie den Arzt an und schüttelte den Kopf.

»Hm, das habe ich mir gedacht.« Nachdenklich kratzte sich der Arzt am Kinn.

»Na, zuerst aber sollten wir mal deinen Arm versorgen. Hast du noch starke Schmerzen?«

»Ja. Ganz doll«, gestand Mimi und schmiegte sich an den Bauch ihrer Mama, die neben ihr auf der Liege saß. Der Arzt rief Schwester Merle zu sich. »Geben Sie Mimi bitte eine Spritze gegen die Schmerzen.«

Eine Spritze? Mimi wurde heiß und kalt zugleich. Panik kroch in ihr hoch.

»Du brauchst keine Angst zu haben, meine Kleine«, sagte Schwester Merle aufmunternd und zog die Spritze auf.

»Ich habe keine Angst«, schwindelte Mimi.

»Du bist doch ganz weiß um die Nasenspitze«, sagte Schwester Merle und stupste ihr mit dem Finger darauf. »Mach dir mal keine Sorgen, das ist gar nicht schlimm.« Dann bat sie Mimi, ganz stillzuhalten. Kaum war sie mucksmäuschenstill, setzte Schwester Merle die Spritze an. Doch was

entdeckte Mimi da? Auf der Spritze saß eine kleine Fee und zwinkerte ihr aufmunternd zu. »Wer bist du denn?«, flüsterte Mimi. »Ich bin eine gute Fee. Ich wohne hier im Krankenhaus«, sagte das zarte Wesen, und seine blauen Flügel leuchteten hell auf. »Wenn du willst, kann ich dir einen Wunsch erfüllen.«

Mimi nickte sachte.

»Was ist dein größter Wunsch?«, fragte die Fee.

»Ich möchte, dass mein Arm nicht mehr wehtut«, flüsterte Mimi.

Die Fee lächelte aufmunternd und rutschte ganz ans Ende der Spritze, sodass sie fast auf der Nadel saß. »Schließe deine Augen, und atme tief ein und aus. Und wenn du einen kleinen Piks spürst, dann war ich das. Ich werde dich piksen, und mit einem Zauberserum helfe ich dir, dass deine Schmerzen bald weg sind.«

»Versprochen?«, fragte Mimi leise.

»Feenwort! Versprochen! Nun schließe die Augen«, sagte die Fee und begann, eine liebliche Melodie zu summen.

Mimi schloss die Augen und lauschte. Die Melodie hörte sie auch noch, als der kleine Pikser in ihrem Arm längst vergessen war. Und die Schmerzen waren bald darauf wirklich verschwunden.

»Die Fee hat nicht geschwindelt«, sagte Mimi zu ihrer Mutter, als ihr gebrochener Arm mit einer Gipsschiene verbunden war. Sie saßen in dem Krankenhauszimmer, das für eine Nacht Mimis Schlaflager sein würde. Ihre Bettnachbarin Maxi hatte sie auch schon kennengelernt.

»Welche Fee?«, fragte ihre Mama erstaunt.

»Na, die Spritzenfee!«, sagte Mimi.

»Die hab ich nicht gesehen«, sagte ihre Mama und runzelte die Stirn.

»Aber sie war da! Vorhin, beim Doktor, als Schwester Merle mir die Spritze geben wollte«, sagte Mimi.

»Ach, die! Ist sie jetzt auch hier?« Mimis Mutter sah sich im Zimmer um.

»Ja, sie sitzt hinter dem Vorhang und wartet, dass alle Kinder schlafen. Und wenn jemand Schmerzen hat, eilt sie ins Feenreich und holt ein Zauberserum!«, erklärte Mimi.

»Ach so?« Mimis Mutter hob erstaunt die Augenbraue.

»Und wenn ich mich einsam fühle, kommt sie auch und singt mir ein Lied vor«, fügte Mimi hinzu.

»Na, wenn das so ist, dann brauche ich mir um dich ja keine Sorgen machen, wenn ich dich heute Nacht hierlasse.«

»Nein, Mama, das brauchst du nicht. Die Fee ist ja da. Und Maxi!«, sagte Mimi und lächelte Maxi an, die am kleinen Tisch im Zimmer saß und malte.

»Die Fee ist immer da!«, bestätigte Maxi.

»Siehst du. Du brauchst dir wirklich keine Sorgen machen!« Mimi kuschelte sich tief in die Kissen und schloss die Augen.

Ihre Mama gab ihr einen zarten Kuss auf die Stirn und flüsterte: »Mein tapferes Mädchen. Werde schnell wieder gesund, morgen früh bin ich wieder da und hole dich ab.«

»Hmmh …«, nuschelte Mimi und schlief ein.

Am nächsten Morgen wachte Mimi auf. Maxi, die ebenfalls nicht mehr schlafen konnte, fragte: »Hast du auch Hunger?«

Mimi wusste im ersten Moment nicht, wo sie war. Dann erinnerte sie sich: an die Rutsche, an den Doktor in der Notfallambulanz und an das Behandlungszimmer, in dem ihr Arm versorgt wurde und in dem es sehr,

sehr staubig roch. Ihr wurde ein wenig bange, denn sie war zum ersten Mal in einem Krankenhaus und fühlte sich unendlich alleine. »Ich möchte zu meiner Mama«, sagte sie, und Tränen sammelten sich in ihren Augen. »Ich auch«, sagte Maxi. »Wir könnten zusammen verschwinden und nach Hause gehen. Kennst du den Weg zu dir nach Hause?«

»Natürlich«, sagte Mimi. Aber ganz so sicher war sie nicht. Mimi überlegte einen Moment. Dann krabbelte sie vorsichtig aus dem Bett und versuchte, sich anzuziehen. Mit dem Gipsarm war das gar nicht so einfach! Bei den Schuhen scheiterte sie. Mit nur einer Hand war es schwer, die Schnallen an ihren Sandalen zuzumachen. Maxi eilte ihr zu Hilfe.

Noch bevor Maxi die zweite Schnalle zugemacht hatte, hörte Mimi wieder die Melodie der Fee. »Hörst du das Summen auch?«, fragte Mimi.

»Das ist die Fee!«, hauchte Maxi aufgeregt. »Mir hat sie gesagt, dass ich schneller wieder gesund werde, wenn ich viel schlafe und keinen Unfug mache.« Maxis Gesicht sah sehr nachdenklich aus. »Weglaufen ist Unfug machen, oder?«, fragte sie zögerlich.

»Ich glaube schon«, bejahte Mimi und streifte die Sandalen wieder ab. Sie hatte ein schlechtes Gewissen. Sich mit einer Fee anzulegen, war sicherlich nicht klug, dachte sie und verschwand blitzschnell wieder unter der Bettdecke.

Das Summen wurde lauter, und im nächsten Moment ging die Tür auf. Schwester Merle kam mit zwei Tabletts herein. »Guten Morgen, ihr zwei. Mögt ihr einen schönen heißen Kakao?«, fragte sie und stellte zwei Becher auf den Tisch.

Maxi und Mimi nickten begeistert.

»Kennen Sie die Spritzenfee?«, fragte Mimi und lauschte, ob sie die Melodie noch hören konnte.

»Ja, die kenne ich. Und auch die Schlaffee und die Wunschfee und sogar die Zahnfee«, sagte Schwester Merle und zwinkerte den beiden Mädchen verschwörerisch zu.

Plötzlich ging die Tür auf, und Mimis Mama steckte ihren Kopf herein.

»Mama!«, rief Mimi erleichtert und sprang aus dem Bett.

»Hey, nicht so stürmisch. Mit einem Beinbruch wärst du jetzt nicht so fix aus dem Bett gekommen«, sagte ihre Mama lachend, als ihr Mimi um den Hals fiel. »Dir scheint es ja wieder gut zu gehen. Dann war das wohl wirklich ein Zauberserum, was die Fee dir gestern gegeben hat.«

»Aber klar«, sagte Mimi und nickte heftig mit dem Kopf. »Deshalb können wir auch gleich nach Hause gehen.«

»Da wartet sogar jemand auf dich«, sagte ihre Mutter und strich Mimi eine Haarsträhne aus dem Gesicht, »Leon und seine Mama haben einen Schokoladenkuchen für dich gebacken!«

»Spitze!«, freute sich Mimi und fuhr sich genüsslich mit der Zunge über die Lippen.

Die Melodie der Feen hat Mimi auch später noch oft gehört. Sie war sicher, dass Feen überall sind. Nicht nur im Krankenhaus – auch wenn sie dort wohl am lautesten summen.

Im Garten nebenan
Angie Westhoff

Carlotta steht am Zaun und guckt in den Garten der Nachbarn. Noch nie ist sie auf der anderen Seite des Zauns gewesen. Ihre Hände umklammern die Latten, und sie muss sich auf die Zehenspitzen stellen, um etwas sehen zu können.

Dort drüben gibt es nicht viel. Nur Bäume, Sträucher und hohe Gräser. Ein einziges Durcheinander. In dem Haus neben dem Haus von Carlottas Eltern hat lange niemand gewohnt, und in dem Garten wächst alles kreuz und quer.

Doch seit gestern wohnen hier wieder Leute, eine Familie mit zwei Kindern, hat Mama gesagt.

Denen wird Papa beim Mähen helfen müssen, denkt Carlotta. Allerdings kommt Papa immer erst sehr spät nach Hause, und dann schlafen die Nachbarn vielleicht schon. Ach, es wäre schön, wenn Papa mal etwas früher kommen würde! Carlotta seufzt.

Ein letztes Mal noch guckt sie über den Zaun. Da sieht sie den Jungen. Er hat rotblonde Haare, jede Menge Sommersprossen und eine Schaufel in der Hand.

»Hey!«, ruft Carlotta. »Wohnst du jetzt hier?«

Überrascht blickt der Junge auf. Dann lächelt er.

»Ja«, sagt er. »Aber nicht hier draußen. Ich wohne im Haus.«

Der ist ja seltsam, denkt Carlotta. Natürlich wohnt niemand in einem Garten. Alle Menschen wohnen in Häusern. Zumindest alle, die sie kennt.

»Braucht ihr vielleicht Hilfe beim Ordnungmachen?«, fragt Carlotta. »Mein Vater hat einen tollen Rasenmäher. Und eine riesige Gartenschere.«

»Bloß nicht«, sagt der Junge. »Das hier ist ein ganz besonderer Garten, ein Wunschgarten.«

Ein Wunschgarten? Carlotta traut sich nicht zu fragen, was das ist. Nachher denkt der Junge noch, sie wäre dumm. Also läuft Carlotta ins Haus und sucht ihre Mama. Die sitzt an ihrem Schreibtisch und arbeitet.

»Weißt du, was ein Wunschgarten ist?«, fragt Carlotta.

Ihre Mutter lächelt. »Meinst du vielleicht einen verwunschenen Garten? Das ist ein verzauberter Platz, ein ganz besonderer Ort.«

Uihh, so war das also.

Und dabei hatte Carlotta immer gedacht, ihr Garten sei der beste in der Siedlung. Mit den Salatbeeten ihrer Mutter, den Stachelbeersträuchern und den kleinen Kieswegen, die sie mit ihrem Vater gestreut hat. Aber da hat sie sich wohl geirrt.

Schnell läuft Carlotta zurück zum Zaun.

Der Junge ist noch da.

»Meinst du, ich dürfte vielleicht mal rüberkommen?«, fragt sie vorsichtig.

»Klar«, sagt der Junge. »Hier ist ein Brett lose, schlüpf einfach durch den Zaun.«

Und schon ist Carlotta drüben. Auf der verzauberten Seite des Zauns.

Ob man sich in einem Wunschgarten etwas wünschen konnte? Carlotta schließt die Augen. »Ich wünsche mir, dass Papa heute früher nach Hause kommt. Damit er den Nachbarn beim Rasenmähen helfen kann.« Dann öffnet sie ihre Augen wieder und blickt sich um. Vielleicht lauern hier irgendwo Hexen und Zauberer. Carlotta hat keine Ahnung, was sie dann sagen oder tun muss.

»Keine Angst«, sagt der Junge und deutet auf sein Holzgewehr. »Ich bin gut ausgerüstet. Am besten bleibst du hinter mir.« Und dann geht er vo-

raus, schlägt sich durch die hohen Gräser und Farne, und Carlotta pirscht hinterher.

Vor einem Brunnen bleiben sie stehen. »Das ist der Märchenbrunnen«, sagt der Junge. »Aus der Geschichte vom Froschkönig. Wenn du runterguckst, kannst du die goldene Kugel sehen, die die Prinzessin verloren hat.«

Carlotta blickt über den Rand des Brunnens. Sonnenstrahlen schimmern auf dem Wasser.

»Kannst du sie sehen?«, fragt der Junge.

»Nicht jeder kann das.«

»Ich schon«, sagt Carlotta und freut sich.

Sie marschieren weiter durchs Dickicht, bis sie zu einem alten Baum kommen.

»Hier wohnen die Kobolde«, sagt der Junge. »Tagsüber schlafen sie leider. Aber wenn du die Augen schließt, kannst du ihr Schnarchen hören.«

Carlotta schließt die Augen, und tatsächlich kann sie ein leises Kratzen hören, ganz fein und sanft, als würde ein Eichhörnchen über einen dicken Ast laufen.

»Das klingt niedlich«, sagt sie und öffnet ihre Augen.

»Ja«, sagt der Junge. »Aber Kobolde können auch sehr gemein sein.« Zur Beruhigung klopft er auf sein Holzgewehr.

Und dann zeigt er Carlotta noch den Brombeerwald. Ein wildes Dickicht

aus stacheligen Ästen. »Dahinter liegt das Schloss von Hamid, dem Zauberer. Kein Mensch hat es je gesehen. Aber das ist auch gut so, denn Hamid braucht seine Ruhe.«

»Verstehe«, sagt Carlotta. Ihr Papa braucht auch oft Ruhe, wenn er abends nach Hause kommt. Vermutlich geht es Hamid ganz ähnlich.

»Ein schöner Ausflug«, sagt Carlotta. Zum ersten Mal in ihrem Leben hat sie den Nachbargarten betreten und kommt aus dem Staunen gar nicht heraus.

»Du siehst, das mit dem Rasenmäher geht nicht«, sagt der Junge. »Sein Lärm könnte die Kobolde vertreiben.«

»Und die Gartenschere würde den Brombeerwald zerstören«, sagt Carlotta. »Dann hätte Hamid keine Ruhe mehr.«

Der Junge nickt. Und bringt Carlotta zurück zum Zaun.

»Komm bald wieder«, sagt er. »Es gibt noch so viel zu sehen in meinem Wunschgarten.«

»Sehr gern«, sagt Carlotta, zwängt sich durch das Loch im Zaun und bleibt wie vom Blitz getroffen stehen. Auf der Terrasse sitzt Papa und blättert in der Zeitung.

»Papa!«, ruft Carlotta und läuft auf ihn zu. »Was machst du denn schon hier?«

»Ich hatte das Gefühl, dass du mich brauchst«, sagt Papa. Als wäre es das Selbstverständlichste auf der Welt.

»Das stimmt«, antwortet Carlotta und überlegt ein bisschen. Dann hat sie eine Idee. »Hast du vielleicht Lust, mit mir ins Schwimmbad zu gehen?«, fragt sie. Den Rasenmäher erwähnt sie nicht. Und die Gartenschere erst recht nicht. Aber vom Wunschgarten wird sie Papa erzählen. Gleich nachher. Bei einem Eis im Schwimmbad.

Bei Nacht sind alle Hamster laut

Sarah Bosse

Als Mama und Papa Patrick fragten, was er sich zum Geburtstag wünschte, brauchte er nicht lange zu überlegen.

Einen Hamster natürlich!

Mama und Papa waren erst gar nicht begeistert. Papa sagte: »Ein Hamster macht viel Arbeit, Patrick. Du musst ihn regelmäßig füttern und den Käfig sauber machen. Und zwar immer dann, wenn es nötig ist, und nicht dann, wenn du Lust dazu hast.«

»Dazu habe ich bestimmt immer Lust«, antwortete Patrick. »Bitte, kriege ich einen Hamster?«

»Aber Hamster werden erst munter, wenn es dunkel wird«, hat Mama ihm erklärt. »Tagsüber schlafen sie. Das ist doch langweilig.«

»Trotzdem«, sagte Patrick. »Ich möchte so gern einen Hamster. Ich wünsch mir auch nichts anderes.«

»Und wenn du dann nachts nicht schlafen kannst, weil der Hamster Krach macht?«, fragte Papa. Aber Patrick meinte, dann könnte er sich ja Watte in die Ohren stopfen.

Und nun steht in Patricks Zimmer der große Käfig, in dem der neue Hamster Wuschel wohnt. Patrick hat sich so sehr gefreut, als seine Eltern ihm

den Käfig am Geburtstagsmorgen gaben. Am liebsten hätte er Wuschel den ganzen Tag mit sich herumgetragen. Aber Mama sagte, er sollte ihn schlafen lassen.

Nun will Patrick schlafen, denn es ist schon spät. Doch jetzt lässt Wuschel *ihn* nicht schlafen. Seit Patrick das Licht ausgeknipst hat, ist Wuschel munter. Ein Klappern ist das, ein Rascheln und Klopfen! Mist!, denkt Patrick. Papa hatte recht.

So lieb Patrick seinen Hamster auch hat, aber bei dem Krach kann er wirklich nicht schlafen. Patrick schleicht zu Mama ins Wohnzimmer.

»Darf Wuschel bitte in der Waschküche schlafen?«, fragt er.

Mama seufzt. »Er ist wohl doch zu laut, oder?«

Patrick nickt und schämt sich ein bisschen.

»Na gut«, sagt Mama. »Aber morgen früh holst du Wuschel wieder in dein Zimmer, ja?«

Patrick verspricht es, und dann bringen sie zusammen den Käfig in die Waschküche.

»Gute Nacht, Wuschel«, flüstert Patrick. »Bis morgen!«

Das Dreirad in der Dusche

Elisabeth Zöller

Papa hat Geburtstag. Mama hat alles so schön gemacht. Das Geschirr blitzt und funkelt auf dem Tisch, das mit dem echten Goldrand.

Mama hat in der Küche zu tun. Clara schaut im Wohnzimmer aus der Terrassentür. Da sieht sie plötzlich ihr Dreirad. Das steht hinterm Haus – und ist voll von Matsche, weil Clara gestern, *sssiit*, durch die Pfützen gesaust ist. Sie hat die Beine hochgezogen und laut *»Juchhu«* geschrien, als der Matsch *sooo* hoch spritzte.

Und jetzt ist das Dreirad dreckig, viel zu dreckig für Papas Geburtstag.

Clara überlegt blitzschnell: Sie könnte jetzt ganz leise schleichen und aus der Küche Eimerchen, Wasser und einen Lappen holen. Aber wenn Mama das mitbekommt, würde sie aufschreien wie ein Löwe. Das ist so bei Mamas, die einen Geburtstag vorbereiten und kochen müssen und aufräumen. Clara weiß das genau.

Und wenn Clara nur ihren Waschlappen klitschnass macht? Dann wird Mama grimmig gucken wie ein Wolf …

Nein, sie darf jetzt nichts machen, was Mama ärgert. Und auch nichts im Wohnzimmer oder im Gästeklo. Das ist alles schon picobello sauber für die tausend Gäste, die heute kommen.

Da hat Clara eine Idee. Ganz leise, wie auf Engelssohlen, schleicht sie sich an, wie ein Indianer so leise hebt sie ihr Dreirad – oh, ist das schwer. Wie ein Bär so stark schleppt sie es – uff, sie kann fast nicht mehr. Und schon ist sie im Badezimmer. Ihr Dreirad steht in der Dusche. Das allererste Mal will Clara jetzt ihr Dreirad in der Dusche sauber machen.

»Ich mach dich jetzt sauber«, sagt sie – genau wie Papa es sagt, wenn er sie abends abschrubben will, weil sie mit Emma Matschburg gespielt hat.

Sie beginnt, mit ihrem Waschlappen das ganze Dreirad abzurubbeln. Dann zieht sie den Duschkopf herunter. Dabei wird sie nur ein bisschen nass. »Das ist aber auch eine dicke Matsche!« Sie reibt ganz fest. Eine Bürste muss her. Sie findet nur Mamas Haarbürste. Die kann sie später wieder sauber machen. Das spritzt und schäumt und duftet. Dabei hat Clara nur klitzewenig Schaum genommen. Und ist nur ein bisschen nasser geworden. Ab den Knien tropft es. Der Popo ist noch trocken.

Und das Dreirad? Blitzeblank. »Sieht aus wie neu«, sagt sie wie Mama.

Und sie nimmt ihr Dreirad und trägt es superheimlich und blitzeschnell durch den Flur, durch das Wohnzimmer …

Tropf, tropf, macht es auf dem Parkett. *Tropf, tropf, tropf,* macht es genau vor dem langen, gedeckten Tisch. *Tropf, tropf, tropf, tropf,* macht es vor der Terrassentür. Geschafft. Ihr Dreirad steht blitzblank wieder vorm Haus. Clara ist so stolz.

Doch da hört sie einen Schrei. Wie ein Löwe schreit Mama. »Wer hat denn hier alles vollgesaut?« Was gebraucht Mama denn für Wörter?
Böse Wörter.

»Zum Teufel noch mal!« Jetzt flucht Mama auch noch. Das darf Mama nicht.

Und da steht Mama plötzlich vor ihr. »Clara, kannst du nicht ein Mal keinen Quatsch machen?« Mama steht da wie ein wütender Wolf.

Doch dann schaut sie Clara an. Clara, die so erschrocken ist. Clara, die sich so gefreut hatte. Clara, die auf einmal laut weint.

Mama hebt sie hoch, immer noch mit Wut-
mund. Dabei hat Mama noch nicht mal das sau-
bere Dreirad gesehen! Mama merkt nur, dass der
Pullover tropft. Sie meckert über die Pfützen auf
dem Boden. Und dann sieht sie ihre Haarbürste.
»Das ist ja wohl die Höhe!«, ruft sie.
Da kommt Papa. Nimmt einen Lappen und
wischt. Nimmt die Bürste und rubbelt
sie trocken. Nimmt Clara und sagt nur:
»Mein Mädchen.«

»Ich wollte doch nur«, schluchzt Clara
da los, »ich wollte doch nur mein Dreirad für
deinen Geburtstag fein machen. Ganz alleine.«
»Das hast du eigentlich prima gemacht«, sagt Papa.
»Aber Duschen sind nicht für Dreiräder, die sind für Menschen«, erklärt
Mama.
Und da kann Mama schon wieder lächeln. Und auf einmal lacht sie. Und
da lachen auch Papa und Clara. Und alle drei machen sie alles wieder blitzblank und müssen dabei lachen, als wenn sie sich durchgekitzelt hätten.

Zenos falscher Zauberspruch

Corinna Gieseler

An einem strahlenden Maitag im kleinen Ort Moosbach war der berühmte Zauberer Appelmus der III. mit seiner Weisheit am Ende. Unglücklich saß er am Frühstückstisch und beobachtete seinen Sohn Zeno, der verträumt mit einem Gummi-Zauberstab Löcher in ein Brötchen bohrte.

»So lernt er es nie«, sagte Appelmus.

»Ach was«, antwortete seine Frau Alchemilla und goss ihm eine Tasse Kaffee ein. »Er braucht nur noch ein bisschen Zeit.«

Seit Monaten versuchte Appelmus, dem kleinen Zeno das Zaubern beizubringen. Doch es klappte einfach nicht! Zenos Schwestern Jola und Mia hatten sich schon im Babybett ganz allein den Schnuller in den Mund gezaubert. Als Sechsjährige gewannen sie in der Wüste Sahara den ersten Preis im Wetterhexen mit einem Regen-Rap.

Und Zeno? Statt magische Tränke zu kochen oder Kieselsteine in Gold zu verwandeln, spielte er lieber draußen auf der Straße.

»Er passt nie richtig auf«, jammerte Appelmus und zauberte ganz in Gedanken Salz statt Zucker in seinen Kaffee.

»Du musst ihm eben mal etwas Lustiges beibringen«, schlug Alchemilla vor.

46

Appelmus nahm einen großen Schluck von dem Salzkaffee. Prustend spuckte er gleich darauf alles wieder aus.

»Salpeter und Schierling!«, rief er. »Das schmeckt ja wie gequirltes Drachenpipi!«

Plötzlich war Zeno hellwach.

»Papa, du hast geflucht!«, stellte er fest.

Beschämt senkte Appelmus den Kopf. Da sah man
es wieder: Zauberei war eine ernsthafte Angele-
genheit, damit machte man keine Scherze. Sonst
passierten schlimme Dinge! Andererseits,
vielleicht hatte seine Frau ja recht …
Kurz entschlossen nahm Appelmus Zeno das durchlöcherte
Brötchen aus der Hand.

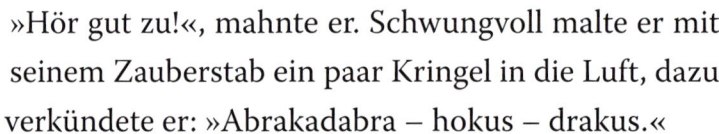

»Hör gut zu!«, mahnte er. Schwungvoll malte er mit seinem Zauberstab ein paar Kringel in die Luft, dazu verkündete er: »Abrakadabra – hokus – drakus.«

Appelmus der III. war nicht umsonst weltberühmt. Schon war das Brötchen verschwunden. Stattdessen flog ein kugelrunder, schwarz-weiß gepunkteter Drache durchs Zimmer!

Alchemilla betrachtete besorgt ihre Möbel.

»Sehr hübsch«, sagte sie. »Aber muss er unbedingt durch unser Wohnzimmer fliegen?«

Der Drache fauchte beleidigt und ruderte schwerfällig am Geschirrschrank vorbei. Für sein Gewicht hatte er ziemlich mickrige Flügel, jedoch einen tollen langen Zackenschwanz. Leider verhedderte er sich damit bald in der Gardine. Die zog er wie eine Braut ihre Schleppe hinter sich her und fegte damit alles, was ihm in den Weg kam, zu Boden: Familienfotos, Kerzen-leuchter, die Stehlampe …

Zenos Schwestern quietschten vor Lachen, als bei der nächsten Runde durchs Zimmer irgendwie ein Kranz aus rosa Trockenblumen auf seinen borstigen Drachenohren landete.

»Guckt mal, wie süß, er will heiraten«, rief Jola.

Das hätte sie lieber nicht sagen sollen. Der gepunktete Drache bekam furchtbar schlechte Laune. Gelbe Schwefelwölkchen quollen aus seinen Nüstern. Aufgebracht peitschte er seinen Zackenschwanz hin und her, um die lästige Gardine loszuwerden. Schneller und schneller kreiste er wie ein verrückter Riesenbrummer durchs Zimmer – bis er plötzlich krachend zwischen Marmelade und Müsli auf dem Esstisch landete!

Alle sprangen von ihren Stühlen auf und brachten sich in Sicherheit.

Nur Zeno war begeistert.

»Super, Papa! Darf ich den behalten?«, fragte er.

»Auf keinen Fall!«, stöhnte seine Mama.

Rasch verwandelte Appelmus das Ungeheuer wieder in das harmlose Brötchen zurück, dabei beseitigte er auch gleich die Verwüstung im Zimmer.

»So, jetzt bist du an der Reihe«, sagte er zu Zeno, als sie wieder Platz genommen hatten. »Zaubere dir selbst einen Drachen!« Und dann drückte er ihm tatsächlich seinen kostbaren silbernen Zauberstab in die Hand.

»Nein, nicht!«, riefen Jola und Mia gleichzeitig.

Das fand Zeno nun richtig gemein von seinen Schwestern. Sie hielten ihn wohl noch für ein Baby! Entschlossen kniff Zeno die Augen zu und ratterte, ohne Luft zu holen, den Zauberspruch herunter: »Abrakadabra – lokus – kaktus!«

Einen Moment lang blieb es unheimlich ruhig im Raum.

»Das ist ja nicht zu glauben«, ächzte Appelmus der III. schließlich entsetzt.

Zeno lief ein Schauer den Rücken hinunter.

Hilfe, was war da schiefgegangen? Hatte er etwa ein grässliches Monster hergezaubert, einen wahnsinnig blutdürstigen Mörderdrachen mit fünf Köpfen und rasiermesserscharfen Zähnen?

Ganz langsam öffnete Zeno die Augen. Dann sah er die Katastrophe: Genau vor ihm – da lag doch tatsächlich – einfach nur das blöde Brötchen! Nichts war passiert. Er hatte den Spruch falsch aufgesagt.

Alchemilla strich Zeno über den Kopf. »Ist nicht so schlimm«, tröstete sie ihn.

Doch Zeno war schrecklich enttäuscht. Und wütend. Auf sich selbst, auf seine Schwestern, die immer alles besser konnten als er, ja sogar auf seinen Papa. Er pfefferte den silbernen Zauberstab zu Boden und rannte aus dem Zimmer.

»Halt – hierbleiben – unerhört!«, rief Appelmus und schüttelte verwirrt den Kopf. Dann kroch er auf allen vieren unter den Tisch, um nach seinem magischen Werkzeug zu suchen.

»Sollen wir Zeno zurückholen?«, fragten Jola und Mia eifrig. »Wir könnten ihn auch ein bisschen in Stein verwandeln.«

Für diesen Morgen hatte Alchemilla genug von den Zauberkünsten ihrer Familie.

»Nix da, um Zeno kümmere ich mich«, sagte sie. »Ihr zwei könnt die Kröten und Salamander füttern.«

Maulend schlurften Jola und Mia in den Garten. Auch Appelmus krabbelte unter dem Tisch hervor und verschwand in seinem Arbeitszimmer.

Alchemilla nahm ihre magische Kristallkugel in die Hand. Behutsam rieb sie mit dem Ärmel darüber, bis darin ein Bild erschien: Es war Zeno, der mit Muffelmiene und ohne Helm auf seinem kleinen Fahrrad zum Bäcker um die Ecke fuhr.

»Mein armer Schatz«, sagte Alchemilla. »Du schaffst das schon!«

Sie murmelte ein paar geheimnisvolle Worte. Ein sanfter Wind strich über die Kristallkugel. Das Bild von Zeno löste sich auf. Lächelnd schnipste Alchemilla mit den Fingern, und alles, was noch auf dem Frühstückstisch stand, flog von selbst in die Küche.

Zeno strampelte währenddessen den Bürgersteig entlang und grübelte über seinen missglückten Drachenzauber nach. Deshalb bemerkte er auch

Polizeimeister Weishuhn nicht, der für eine kurze Kaffeepause mit dem Einsatzwagen vor der Bäckerei parkte.

»Der Anfang vom Zauberspruch ist babyleicht!«, murmelte Zeno, noch fünf Meter vom Wagen entfernt. »Aber welches Wort kam zum Schluss?«

Als Polizeimeister Weishuhn den kleinen Jungen ohne Helm heranflitzen sah, stieg er sofort aus.

In diesem Moment fielen Zeno endlich die richtigen Worte ein.

»Abrakadabra – hokus – gallus!«, rief er glücklich – und prallte in vollem Tempo gegen den Polizisten. Der Stoß fegte Zeno vom Sattel, sodass er in eine Hecke flog. Etwas zerkratzt rappelte er sich hoch und hob sein Fahrrad auf.

Polizeimeister Weishuhn hatte es viel schlimmer getroffen. Obwohl man nicht genau sagen konnte, was ihn getroffen hatte. Denn Polizeimeister Weishuhn war nicht mehr da. Nur noch sein Name, sozusagen. Auf dem Bürgersteig saß ein niedliches Küken!

Zeno zwinkerte erstaunt. Er guckte sich um, suchte die Straße ab und schaute sogar in den Polizeiwagen. Nichts, nur das Küken. Da begriff Zeno: Zum allerersten Mal hatte er tatsächlich jemanden verzaubert, sogar ohne Zauberstab. Es war zwar kein Drache geworden, aber immerhin!

Vor lauter Freude legte Zeno auf dem Bürgersteig einen richtigen Siegestanz hin.

»Ich bin Zauberer Zeno der Große!«, rief er dabei. Das Küken schlug verschreckt mit den Flügeln.

Drei große Schuljungen mit Skateboards unter dem Arm polterten aus der Bäckerei.

»He, du!«, sagte einer von ihnen. »Lass das arme Tier in Ruhe!«

Zeno hörte auf zu tanzen. »Das ist kein Tier. Das ist ein verzauberter Polizist«, erklärte er stolz.

Die Schuljungen zeigten ihm grinsend einen Vogel und wollten weitergehen. Zeno runzelte die Stirn. Ein echter Zauberer konnte sich das nicht gefallen lassen.

»Abrakadabra – hokus – gallus«, sagte er mit fester Stimme.

Dann riss er die Augen auf. Unglaublich: Auch die Jungs waren verschwunden. An ihrer Stelle saßen drei weitere Küken auf dem Bürgersteig!

»Ätschibätsch!«, sagte Zeno zufrieden. Langsam begann ihm die Sache einen Riesenspaß zu machen. Als kurz danach die Bäckereiverkäuferin erschien, um nachzusehen, warum ein Polizeiauto vor ihrem Laden parkte, verzauberte er auch sie.

Nun war schon eine ganze Kükenschar auf dem Bürgersteig versammelt. Die Vögel rannten fröhlich durcheinander und bettelten jeden, der vorbeikam, um Futter an: den superschnellen Eilboten vom Expressversand, Rechtsanwalt Dr. Schotter mit Aktentasche, den Klempner, der in der Bä-

ckerei etwas reparieren sollte, zwei schicke gebräunte Damen mit Mops aus dem Sonnenstudio gegenüber, die Müllmänner, die dienstags immer im Viertel die Wertstofftonnen leerten, den Pizzeriabesitzer Paolo Rigatoni mitsamt Gemüsekisten und Kellnern und alle Mitglieder vom Fitnesscenter Muskelmax. Und weil es so lustig war, verzauberte Zeno jeden Einzelnen von ihnen, sogar den Mops!

Dann wuchs ihm die Sache ein bisschen über den Kopf. Denn inzwischen standen so viele Fahrzeuge vor der Bäckerei, dass sie den Verkehr behinderten. Vor allem das große Müllauto war im Weg. Immer mehr Wagen stauten sich dahinter in der Straße. Die Leute hupten wie verrückt und wunderten sich, was los war.

»Warum tut die Polizei denn nichts? Sie ist doch schon vor Ort«, schimpfte eine junge Frau mit zwei Kindern auf dem Rücksitz. Ärgerlich stieg sie aus ihrem roten Cabrio. Aber das Polizeiauto am Straßenrand war leer, nur aus dem Funkgerät quäkte eine Stimme.

Jetzt entdeckten die Kinder die Küken. »Mama, guck mal, die süßen Küken!«, riefen sie aufgeregt. Zeno trat schnell ein paar Schritte zurück.

Die Frau nahm ihr Handy aus der Tasche. »Die müssen sofort eingefangen werden«, beschloss sie. »Ich rufe die Feuerwehr

und das Tierheim an.«

Zeno schaute schuldbewusst auf die Vögel, die um seine Füße wuselten. Ein Polizist im Tierheim, also, das ging nun wirklich nicht. Er musste schnellstens alle wieder zurückverwandeln!

Plötzlich wurde Zeno heiß und kalt zugleich.

»Ich weiß den Spruch ja gar nicht!«, murmelte er erschrocken. Denn den hatte Appelmus ihm nicht gesagt.

Zum Glück schaute Alchemilla gerade in ihre magische Kristallkugel und entdeckte den

Schlamassel. Im Handumdrehen half sie Zeno aus der Patsche: Sie zauberte ihn einfach direkt nach Hause, anschließend verwandelte sie die Küken wieder in Menschen. Allerdings hatte sie es dabei so eilig, dass Rechtsanwalt Dr. Schotter hinterher statt der Akten den Mops im Arm trug. Aber das war egal, denn komischerweise konnte sich keiner mehr erinnern, was eigentlich an diesem Vormittag genau vor der Bäckerei passiert war, nicht einmal Polizeimeister Weishuhn. Und weil Alchemilla auch sonst nichts zu dem Missgeschick sagte, war Zeno am Ende auf seinen ersten Zauber ziemlich stolz.

Appelmus der III. schüttelte nur den Kopf, als Zeno ihm abends in der Zauberküche die haarsträubende Geschichte erzählte.

Zenos Schwestern Jola und Mia rümpften oberschlau die Nasen. »Puh, was hast du denn bloß wieder für einen falschen Spruch gesagt?«, nörgelten sie.

Diesmal musste Zeno nur ganz kurz überlegen. Unschuldig schaute er seine großen Schwestern an.

»Abrakadabra – hokus – gallus!«, sagte er. Und das hatten sie nun davon!

Eine schnüffelleichte Aufgabe für Badou

Petra Kummermehr

Die Morgensonne lugte hinter den Wolken hervor und kitzelte Lotta so lange an der Nasenspitze, bis sie wach war. Und zwar knallwach!

Sie hüpfte aus dem Bett, voller Vorfreude auf den Tag. »Mama, darf ich gleich zum Bauernhof rüber?«

»Na klar, mein Schatz. Zieh dich schnell an, dann kannst du mit Papa und Inka drüben Brötchen holen.« Ratzfatz war Lotta fertig und rannte ihrem Papa und ihrer kleinen Schwester hinterher zum Bauernhof.

Es war der erste Urlaubstag. Und alles war noch schrecklich neu und aufregend. Der Bauernhof, das Wiehern der Ponys, die Katzen, die sich ganz zutraulich an ihre Beine schmiegten …

Und dann war da noch der Hund! »Das ist unser Badou. Den kannst du gerne streicheln«, sagte der Bauer, »er mag Kinder sehr!«

Doch Lotta traute sich nicht so recht. Badou sah zwar drollig aus mit seinen dunklen Kulleraugen, aber er war so groß! Ein richtiger Wachhund.

Später würde sie sich bestimmt trauen, ihn zu streicheln, das nahm sie sich ganz fest vor. Aber nun folgte sie erst einmal ihrer kleinen Schwester Inka in den Kuhstall. Ein paar Kühe und Kälbchen muhten den beiden zur Begrüßung freundlich zu. »Muuuuuh!«

Lottas kleine Schwester trippelte schon wieder nach draußen und brummelte vor sich hin: »Ganz stinkig hier!« Demonstrativ hielt sie sich die Nase zu. Lotta konnte das nicht verstehen. Sie fand es herrlich und warf sich gleich in einen riesigen Heuhaufen.

Plötzlich hörte Lotta ganz leise ein Mauzen. Sie lugte hinter den Heuhaufen und entdeckte vier winzig kleine Kätzchen. Noch ganz tapsig tollten sie im Heu herum und spielten mit den Strohhalmen.

Lotta schaute zu Badou hinüber. Er stand ganz still am Zaun und beobachtete sie. Ob er eifersüchtig ist, dass ich mit den Kätzchen spiele und nicht mit ihm?, dachte Lotta.

Auf einmal bemerkte sie, dass ihr Ring nicht mehr an ihrem Finger steckte. Oh nein! Das war doch ihr Glücksring! Den hatte sie von Oma geschenkt bekommen. Und jetzt war er verschwunden!

Wie soll ich meinen Ring in diesem riesigen Heuhaufen wiederfinden?, fragte sie sich verzweifelt.

Da spürte sie etwas Nasses auf ihrer Hand. »Huch!« Lotta erschrak ein wenig. Aber dann merkte sie, dass es Badou war, der sie vorsichtig mit seiner Schnauze anstupste. Er schaute zu ihr hoch und wedelte mit dem Schwanz.

Und dann geschah etwas Merkwürdiges. Fast schien es nämlich, als ob Badou genau wüsste, weshalb Lotta so traurig war. Jedenfalls schnupperte und schnüffelte er auf einmal drauflos. Er wühlte mit seinen Pfoten im

Heu, bis er fast ganz im Heuhaufen verschwunden war. Vollkommen verstrubbelt und über und über mit Strohhalmen bedeckt kam er schließlich wieder raus. Mit Lottas Ring im Maul!

Lotta freute sich riesig. »Danke, Badou!«, rief sie. Am liebsten wäre sie ihm um den Hals gefallen, aber das traute sie sich noch nicht.

Aber als sich Badou dann schwanzwedelnd auf den Rücken warf – so als wollte er sagen: »Los, jetzt streichle mich endlich!« –, da war Lottas Angst wie weggeblasen.

Sie wuschelte ihm durch sein zerzaustes Fell, und eines war Lotta klar: Sie und Badou würden die dicksten Freunde werden. Das wusste sie genau.

Die Gespenster
Dimiter Inkiow

Es war ein Samstag, als meine Schwester Klara mir ins Ohr flüsterte: »Heute Abend sind Mama und Papa weg. Wir sind ganz allein.«

»Wirklich?«

»Im Fernsehen gibt es einen Gespensterfilm. Den werden wir uns ansehen!«

Ich habe mich riesig gefreut, weil ich Gespensterfilme sehr mag.

»Hast du keine Angst?«

»Nur ein bisschen. Und du?«

Dann haben wir darauf gewartet, dass Mama und Papa endlich weggingen und der Film begann. Leider blieben sie noch ziemlich lange zu Hause. Und Mama sagte zu uns: »Dass ihr mir nicht den Fernseher anstellt, wenn wir weg sind! Ihr geht sofort ins Bett! Verstanden?«

»Ja, Mama«, versprachen wir und gingen sofort ins Bett.

Dort blieben wir, bis Mama und Papa die Tür hinter sich zumachten. Als wir das Auto wegfahren hörten, sprangen wir sofort aus den Betten und stellten den Fernseher an. Wir machten es uns auf dem Sofa bequem und ich fasste Klaras Hand an. So hatte ich weniger Angst vor den Gespenstern, die, in weiße Tücher gewickelt, durch ein Schloss spukten. Mir hat ein altes Gespenst ganz besonders gefallen. Es hüpfte auf einem Bein und

schrie immer: »Uhuuu … uhuhuuu … uhahuuuuu …« Als der Film zu Ende war, hüpfte Klara auch auf einem Bein herum und schrie: »Uhuhuuu … uhahuhuuu … ich bin ein Gespenst!«

»Du bist gar kein Gespenst«, sagte ich.

»Doch, ich hüpfe genau wie das alte Gespenst in dem Film.«

»Ja, aber du hast kein weißes Tuch um.«

Als Klara das hörte, lief sie sofort ins Kinderzimmer und kam mit ihrem Bettlaken über dem Kopf zurück. »Uhuhu … uhahuhuuu! Ich bin ein Gespenst!« Sie hat mir beinahe Angst eingejagt.

Wenn Klara ein Gespenst war, wollte ich auch eins werden. Also lief ich zu meinem Bett und riss mein Bettlaken heraus. Ich warf es mir über den Kopf und stürzte zu Klara.

»Ich bin auch ein Gespenst! Ich bin auch ein Gespenst!«

Jetzt hatte sie Angst bekommen und sagte: »Schrei doch nicht so.«

»Uhuhuuu … uhahuuu! Ich bin auch ein Gespenst!«

»Du machst mir Angst.«

»Weil ich ein Gespenst bin.«

So hüpften wir beide ziemlich lange durch die Wohnung und haben zwei Vasen umgekippt, weil wir durch die Laken nicht richtig sehen konnten. Wir wollten uns auch gern im Spiegel anschauen. Aber wie?

»Ich weiß!«, schrie Klara. »Wir müssen uns nur zwei Augenlöcher in die Bettlaken schneiden, dann sehen wir auch noch mehr wie richtige Gespenster aus.«

»Gut«, sagte ich, »das machen wir.«

Mit einer Schere haben wir die Augenlöcher ausgeschnitten. Jetzt sahen wir wirklich aus wie echte Gespenster. Ich hatte nur ein bisschen Angst, was Mama und Papa sagen würden, wenn sie die Löcher entdeckten. Aber Klara meinte: »Keine Angst! Ich werde sie schon stopfen, sodass es niemand merkt.«

Wir haben dann weitergespielt wie richtige Gespenster, mitten in der Nacht. Leider sind wir aber auf dem Sofa eingeschlafen, mit dem Bettlaken über dem Kopf, bevor Klara sie stopfen konnte. So haben uns Papa und Mama gefunden. Was dann geschah, möchte ich nicht erzählen. Mein Popo tut mir heute noch leid.

Leo und der Delfin

Barbara Rose

Leo will nicht ans Meer.

»Nö«, sagt er zu Papa. »Bloß nicht!«

Hanna aus dem Kindergarten hat gesagt, dass es da riesige Wellen gibt. Wie Türme. Die brechen über einem zusammen, und dann ist man Matsche-pampe. Lilli hat von panierten Füßen erzählt, wenn man aus dem Wasser steigt. Sand überall. Sieht aus wie die Brotbröselhaut beim Schnitzel und kratzt und juckt ganz fürchterlich. Ali meinte, dass da einer ganz viel Salz ins Meer geschüttet hat. Wenn man dann so schwimmt und kriegt das salzige Wasser in den Mund … uaaahhh!

»Alles Quatsch«, meint Papa.

»Das wird toll«, bestätigt Mama. »Dein erster Urlaub am Meer.«

»Nö!«, sagt Leo. »Will nich.«

Trotzdem fahren sie los.

Knallblau ist der Himmel, als sie ankommen. Der Sand leuchtet wie gel-ber Puderzucker. Überall liegen Leute auf Handtüchern in der Sonne, am Strand spielen Kinder oder schwimmen auf Luftmatratzen im Meer. Sieht nicht übel aus, aber ins Wasser geht Leo nicht.

»Nö, mag nich.«

Lieber versteckt er sich in seiner Strandmuschel, schmollt und schaut Bilderbücher an. Seine Eltern bitten und betteln und schimpfen. Zwei Tage lang!

Am dritten Tag legt Papa einen aufblasbaren Delfin vor Leo in den Sand.

»Vielleicht hast du Lust, mit diesem kleinen Kerlchen hier schwimmen zu gehen?« Und zu Leos Mama meint er: »Ein seltsamer Mann am Strand hat ihn mir verkauft. Der Delfin sei etwas ganz Besonderes, hat er gesagt. Der würde jedes Kind ins Wasser locken.«

Mama verdreht die Augen, Leo legt seinen Kopf auf den prallen Delfinbauch.

»Also, gehen wir schwimmen?«, fragt Papa.

»Nö«, brummt Leo.

Papa zuckt mit den Schultern und geht wieder ins Wasser.

»Blödes Meer«, sagt Leo.

»Es ist gar nicht so schlecht«, erwidert der Delfin.

Leo starrt ihn überrascht an.

»Da guckste, was?« Der Delfin wackelt mit der Flosse.

Nach einer Stunde in der Sonne ist seine Haut heiß und weich. Auch Leos Kopf brutzelt.

»Ich brauche eine Abkühlung«, bittet der Delfin.

Leo spurtet mit seinem Eimer los und holt Wasser. Die panierten Sandfüße kitzeln beim Laufen. Das ist lustig!

»Mehr Wasser!«, keucht der Delfin.

Zwei Eimer für den Delfin, einen für Leo. Mund zu und direkt über den Kopf. Macht richtig Spaß!

»Reicht nicht«, flüstert der Delfin. »Ich muss ins Meer. Bitte!«

Leo schluckt. Aber der Delfin tut ihm leid. Vorsichtig zieht er ihn hinter sich her und lässt ihn ins Wasser gleiten.

»Komm mit«, sagt der Delfin. »Halte dich an meiner Schwanzflosse fest.«

Wie warm das Wasser ist. Und so weich! Leo planscht mit seinen Schwimmflügeln hinter dem Delfin her und setzt sich dann auf dessen Rücken. Doch

plötzlich verliert er das Gleichgewicht und plumpst herunter. Kopf unter Wasser, Salz im Mund.

Der Delfin keckert. »Einfach ausspucken!«

Jetzt kommt eine Welle. Turmhoch ist sie nicht, vielleicht bauklötzchen-turmhoch. Höchstens. Leo hat ein bisschen Angst, aber der Delfin gleitet mit ihm auf dem Rücken über die Wellen.

»Entweder durchtauchen oder drüberhüpfen«, erklärt er. »Ist nur Wasser – hab keine Angst.«

Den ganzen Tag schwimmen und toben Leo und sein Delfin im Meer. Salzwasser? Egal. Hohe Wellen? Kein Problem. Später gräbt Leo ein kühles Sandbett für den Delfin, für sich eine Burg mit Türmen und Muschelverzierung. Panierte Füße? Na und!

»Noch eine Runde schwimmen?«, fragt der Delfin, als es Abend wird.

Leo nickt, packt die Schwimmflügel und schwingt sich auf den Fischrücken. An einer flachen Stelle wackelt der Delfin wie wild mit der Flosse. Leo fällt fast runter.

»Hier musst du absteigen. Du brauchst mich nicht mehr. Du hast das Meer erobert. Winkst du mir noch?«

Und dann taucht Leos Delfin unter. Lange. Sehr lange. Leo steht im seichten Wasser, die Füße versinken im Meeresboden. Plötzlich spürt er etwas an seinen Fingern.

Leo dreht sich um.

Papa steht da und nimmt seine Hand.

»Was machst du hier, kleiner Wassermann? Dich kriegt man ja gar nicht mehr raus aus dem Meer!«

»Ich suche meinen Freund«, antwortet Leo.

In dem Moment springt weit, weit am Horizont ein Delfin aus dem Wasser. Einmal, zweimal, dreimal.

»Ein Delfin«, ruft Papa. »Ein echter Delfin!«

»Mein Delfin«, sagt Leo. »Den brauch ich nicht länger. Ich habe jetzt keine Angst mehr vor dem Wasser. Komm, Papa, wir gehen noch mal schwimmen!«

Ronja Wirbelwind

Henriette Wich

Als Ronja aufwachte, kribbelte es in ihren Armen und Beinen, als ob tausend Käfer darin herumkrabbelten. Kein Wunder! Heute durfte sie zum ersten Mal in den Ballettunterricht gehen. Ronja hüpfte ins Bad, tanzte unter der Dusche und sprang die Treppe hinunter.

»Langsam, langsam!«, rief Mama. »Setz dich erst mal. Magst du ein weich gekochtes Ei?«

Ronja schüttelte den Kopf. »Keine Zeit!« Sie schnappte sich ein Brötchen und trank ihren Kakao im Stehen. Dann hüpfte sie zurück in ihr Zimmer, um ihre Balletttasche zu packen.

Die Schule dauerte heute ewig. Ronja konnte keine Minute still sitzen. In der Pause tanzte und hüpfte sie wieder die ganze Zeit hin und her.

Dann war es endlich so weit: Papa holte Ronja von der Schule ab und brachte sie zur Ballettschule. In der Umkleide zog Ronja blitzschnell ihr Trikot und ihre Ballettschläppchen an und flitzte als Erste in den Ballettsaal. Dort musste sie schon wieder warten, bis alle da waren.

Nachdem jeder seinen Namen gesagt hatte, stellte die Ballettlehrerin sich vor und sagte: »Herzlich willkommen! Wir wärmen uns auf. Streckt eure Arme über den Kopf, so hoch ihr könnt. Ja, so ist es gut! Jetzt legt das

rechte Bein auf die Stange und streckt es ganz aus. Danach macht ihr dasselbe mit dem linken Bein.«

Ronja war mit Feuereifer dabei. Sie fand die Übungen so toll, dass sie alles gleich zwei- oder dreimal machte.

»Verausgabe dich nicht, Ronja!«, sagte die Ballettlehrerin. »Sonst hast du morgen einen furchtbaren Muskelkater.«

Ronja lachte nur. »Muskelkater? Ich doch nicht!«

Die Ballettlehrerin lächelte. »Wie du meinst.«

Nach dem Aufwärmen durften die Kinder Frösche sein und kleine Sprünge machen. Ronja war der quirligste Frosch von allen und machte viele Tausend Sprünge.

»Danke, Ronja, das reicht!«, sagte die Ballettlehrerin. »Denk an den Muskelkater!«

»Jaja«, sagte Ronja nur und hüpfte weiter.

Am Schluss durften alle durch den Ballettsaal tanzen, wie sie wollten. Endlich konnte Ronja sich so richtig austoben. Nur leider klatschte die Ballettlehrerin viel zu früh in die Hände und rief: »Das war's für heute.«

Am nächsten Tag wachte Ronja auf und wollte aus dem Bett hüpfen, aber es ging nicht. Alles tat weh: die Arme, die Beine, sogar der Po. Ronja kam sich vor wie eine lahme Schnecke. Sie stöhnte bei jeder Treppenstufe und schleppte sich in die Küche.

»Was ist denn mit dir los?«, fragte Mama. »Hast du schlecht geschlafen?«

»Mir geht's super«, behauptete Ronja. »Kann ich heute ein weich gekochtes Ei haben? Ballerinas brauchen viel Kraft.«

Mama wuschelte Ronja durch die Haare. »Klar kannst du ein Ei haben.«

Leider half das Ei nicht gegen den Muskelkater. Auf dem Schulweg rannten die anderen Kinder an Ronja vorbei. Ronja fühlte sich immer noch wie eine Schnecke.

Da bog plötzlich die Ballettlehrerin um die Ecke. »Hallo, Ronja!«, sagte sie. »Na, hast du doch Muskelkater bekommen?«

»Ich?«, rief Ronja. »Nein, mir geht's super.« Um es ihrer Lehrerin zu beweisen, tanzte Ronja wie ein wilder Kobold um sie herum – bis sie über eine leere Coladose stolperte. »Aua!«, rief Ronja und rieb sich stöhnend die Beine.

Die Ballettlehrerin zwinkerte ihr zu. »Du Arme! Soll ich dir ein Geheimnis verraten? Früher war ich auch so ein Wirbelwind wie du. Ich hatte einen Muskelkater nach dem anderen.«

»Und später?«, wollte Ronja wissen.

Die Ballettlehrerin lächelte. »Später bin ich eine berühmte Primaballerina geworden.«

Fischbrötchen im Kuhstall

Fredrik Vahle

Es war einmal eine große Schildkröte, die hieß Emma, und eine kleine Schildkröte, die war nur so groß wie ein Brötchen und deshalb nannten wir sie Fischbrötchen. Sie wohnten in unserem großen Aquarium und eines Tages passierte es dann: Emma kletterte auf ein Stück Holz, das in dem Aquarium schwamm, und sonnte sich. Fischbrötchen kletterte ebenfalls auf das Holz und weiter auf Emmas Rücken und sonnte sich auch. Aber Emma wurde böse und schüttelte sich – bums, fiel Fischbrötchen aus dem Aquarium und landete auf dem Teppich. Und weil Fischbrötchen sehr neugierig war, krabbelte sie aus dem Zimmer auf den Balkon, streckte den Kopf durch das Balkongitter und sauste weiter – sssssssssst-bums – mitten ins Erdbeerbeet.

Zuerst aß Fischbrötchen sich an den Erdbeeren richtig satt. Dann krabbelte sie weiter und kam zu einem Grashaufen. In den wühlte sie sich rein, um zu schlafen, aber da kam der Bauer Wagner mit dem Traktor

angerattert. Er lud den Grashaufen auf den Traktor und fuhr – butt, butt, butt, butt, butt – zurück ins Dorf. Er nahm den Haufen Gras und brachte ihn in den Kuhstall.

»Da, Liese, hast du dein Mittagessen. Und guten Appetit!«

Die Kuh fing an zu fressen – da war plötzlich vor ihr ein Tier, das hatte sie in ihrem ganzen Leben noch nicht gesehen.

»Wer bist du?«, fragte die Kuh.

»Ich bin eine Schildkröte und heiße Fischbrötchen«, sagte Fischbrötchen.

»Und wer bist du?«

»Ich bin eine Kuh – das weiß doch jeder!«, sagte die Kuh.

»Und warum hast du zwei Kleiderhaken am Kopf?«, fragte Fischbrötchen.

»Das sind doch keine Kleiderhaken – das sind meine Hörner!«, sagte die Kuh.

»Und warum hast du so einen komischen Waschlappen im Maul?«, fragte Fischbrötchen.

»Das ist doch kein Waschlappen – das ist meine Zunge!«

»Und warum hast du zwei schwarze Pinsel neben den Kleiderhaken?«

»Das sind keine schwarzen Pinsel – das sind meine Ohren!«, sagte die Kuh.

»Und warum hast du so einen großen Handschuh zwischen den Beinen?«, fragte Fischbrötchen.

»Das ist doch kein Handschuh, das ist mein Euter, damit gebe ich Milch!«

»Und warum hast du einen Strick am Hintern?«, fragte Fischbrötchen.

»Das ist doch mein Schwanz, damit verscheuche ich Fliegen!«

»Und warum hast du dir einen schwarz-weißen Bettvorleger um den Bauch gewickelt?«, fragte Fischbrötchen.

»Das ist kein Bettvorleger – das ist mein Fell!«, sagte die Kuh. »Aber was

hast du denn für ein komisches Fell? Das sieht ja aus wie ein altes Knäckebrot!«

»Das ist kein Fell – das ist mein Schildkrötenpanzer!«, sagte Fischbrötchen. »Und da kann sogar eine Kuh drauf stehen!«

»Waas?«, sagte die Kuh. »Das muss ich gleich mal ausprobieren.« Und sie versuchte, sich mit allen vier Beinen auf Fischbrötchen zu stellen. Aber sie rutschte aus, kullerte durch den Kuhstall, flog gegen die Kuhstalltür, die Kuhstalltür flog auf und die Kuh kullerte mitten auf den Bauernhof.

»Ach du meine Güte!«, rief die Bauersfrau, warf vor Schreck den frischen Pflaumenkuchen auf den Misthaufen, lief – tripp, tripp, trapp – die Treppe hoch, machte die Haustür auf, lief durch den Flur, machte die Küchentür auf und sagte zum Bauern: »Bauer, bei uns im Kuhstall ist ein Monster, das hat gerade die Kuh zum Kuhstall rausgekullert!«

»Waaas?«, sagte der Bauer und bekam Angst. Aber dann setzte er seinen Feuerwehrhelm auf, schlich auf Zehenspitzen über den Hof zum Kuhstall, guckte vorsichtig durchs Kuhstallfenster – und was sah er da?

Eine Schildkröte, die nicht größer war als ein Brötchen.

»Aha«, sagte der Bauer, »ich weiß, wo du herkommst.«

Er brachte Fischbrötchen zu uns zurück und jetzt sitzt sie wieder im Aquarium.

»Gibt es außer uns noch andere Tiere auf der Welt?«, fragte Emma.

»Ja«, sagte Fischbrötchen, »die Kühe!«

»Und haben die auch einen Panzer wie wir?«, fragte Emma.

»Nein«, sagte Fischbrötchen, »sie haben Hörner, Ohren, eine Zunge, ein Euter, einen Schwanz und ein schwarz-weißes Fell.«

»Waaas?«, sagte Emma. »Das verstehe ich nicht!«

»Wenn du's nicht verstehst, dann will ich's dir erklären«, sagte Fischbrötchen. »Kühe sind ganz große Tiere. Die haben Kleiderhaken und schwarze Pinsel am Kopf, einen großen Handschuh zwischen den Beinen und einen roten Waschlappen im Maul. Sie haben einen Strick am Hintern und einen schwarz-weißen Bettvorleger um den Bauch gewickelt. Und sie wohnen in einem riesengroßen Aquarium, da sind sogar Fenster drin, und auf dem Boden liegen Stroh und Spinat.«

»Unglaublich!«, sagte Emma und dachte noch lange über Fischbrötchens Geschichte nach.

Endlich kann ich allein einkaufen gehen
Achim Bröger

Vorhin hat Mama gesagt: »Wir brauchen Milch und Brot. Pflaumenkuchen wäre auch toll. Ich habe aber keine Zeit zum Einkaufen. Schade, dass du das noch nicht kannst, Lea.«

Dann sind Mama und Papa weggefahren.

Mama denkt wohl, ich bin zu klein zum Einkaufen. Mal sehen. Ich gucke in den Flurspiegel. Also … ich bin ganz schön groß. Jetzt stelle ich mich auf die Zehenspitzen. Sehr groß bin ich sogar.

Ich werde allein einkaufen. Zum ersten Mal. Oh, ist das aufregend. Auf Zehenspitzen gehe ich in die Küche. Da steht die Einkaufstasche. Und in der Schublade liegt Geld. Ich nehme den Schein, auf dem eine 1 und eine 0 steht, dazu ein paar Münzen. Den Hausschlüssel brauche ich auch. Halt! Puppi darf ich nicht vergessen. Die soll in der Tasche mitkommen.

Tür zu und Treppe runter. Jetzt bin ich vor unserem Haus. Aus dem zweiten Stock vom Nachbarhaus guckt die alte Frau. Ob sie merkt, dass ich zum ersten Mal allein einkaufe? Sieht sie überhaupt zu mir?

Ich muss immer nur geradeaus gehen. Auha! Da kommt einer auf Rollerskates aus der Seitenstraße. Toll, wie der fährt. Er rast auf mich zu. Dann streift er meine Einkaufstasche und ist vorbei.

Mhh! Es riecht lecker. Der Geruch kommt aus dem offenen Fenster vom Efeuhaus. Die kochen irgendein tolles Essen.

Los! Weiter! Hier muss ich über die Straße. Ich gucke zur einen Seite. Da kommt ein Moped. Zischt an mir vorbei. Jetzt kommt von der anderen Seite ein Auto. Zischt vorbei. Dann ist die eine Seite frei, aber von der anderen strampelt ein Radfahrer heran. Danach kommen noch ein Auto und ein Lastwagen.

Endlich kann ich über die Straße und gehe weiter. Was wollte ich eigentlich einkaufen? Verflixt! Ich weiß das plötzlich nicht mehr. Mal überlegen. Ach ja, Milch, Brot … und Pflaumenkuchen. Und eigentlich könnte ich für jeden von uns noch eine Überraschung mitbringen.

Ich bin beim Laden und die freundliche Tür geht automatisch auf. Jede Menge Einkaufswagen warten hier. Aber die sind riesig. Zum Glück steht auch ein kleiner für Kinder herum. Einkaufstasche rein und Puppi setze ich daneben.

Ich schieb meinen Wagen den Gang runter. Vorbei an hochgestapelten Esssachen und vielen Leuten.

Da rollt ein großer vollgepackter Einkaufswagen direkt auf mich zu. Den schiebt ein noch größerer Mann. Mensch! Der sieht mich überhaupt nicht. Deswegen rufe ich: »Vorsicht!«

Der Mann erschrickt und schiebt seinen Wagen knapp an mir vorbei. Dabei streife ich einen Stapel Dosen.

Eine wackelt und … bleibt stehen.

Hier gibt's Milch. Da steht welche in Plastiktüten und in Glasflaschen. Es gibt kleine und große. Ich glaub, Mama und Papa kaufen Flaschen.

Also kommt eine große in den Wagen.

Ein Mann in weißem Kittel geht vorbei. Das ist kein Arzt. Der gehört zum Laden. Aber bevor ich ihn fragen kann, wo es Pflaumenkuchen gibt, ist er verschwunden. Die sind hier alle so schnell und groß.

Jetzt kommt eine Frau in weißem Kittel. Die hört mein »Hallo« und fragt: »Was möchtest du?«

»Pflaumenkuchen. Wo gibt's den?«

Sie zeigt in eine Richtung und sagt: »Erster Gang, rechts.« Weg ist sie.

Doof ist, dass ich nicht weiß, wo rechts ist. Aber ich hab Glück, der Gang geht nur zu einer Seite. Und da gibt's dann auch den Kuchen und solche Sachen. Das riech ich. Ich stell mich hinter einige Leute und warte. Jetzt rollt jemand seinen Einkaufswagen gegen meinen Hacken. »Au!«

Neben mir sehe ich einen dicken Frauenbauch. Ob da noch ein Kuchen reinpasst? Ein Mann schiebt mich zur Seite und ich werde gegen einen kratzigen, stinkigen Mantel gedrückt. Außerdem riecht es hier furchtbar nach Parfüm.

In diesem Gestank und dieser Enge werde ich zwischen großen Leuten und Einkaufswagen hin und her geschoben. Dann stehe ich vor dem Tresen. Ich seh zu Puppi und sage: »Gleich sind wir dran.«

Richtig aufgeregt bin ich. Jetzt muss ich einer der Frauen hinterm Tresen nämlich sagen, was ich will. Ich bin dran. Aber keine guckt zu mir. Die gucken über mich weg zum nächsten Großen. Jetzt schiebt sich auch noch die Frau mit dem Kullerbauch vor mich. Sie kauft jede Menge. Aber wenn die endlich fertig ist, bin ich wirklich dran.

Sie ist fertig und ich rede los. Im gleichen Augenblick sagt ein Mann hinter mir, was er will. Mich hört leider niemand. Langsam werde ich sauer.

Nach diesem Mann bin ich aber bestimmt dran. Ich gucke die Verkaufsfrau fest an, damit sie zu mir sieht. Ja, sie tut es und ich sage auch beinah was. Da dröhnt eine Frauenstimme neben mir. Und die Frau zu der Stimme schiebt mich mit ihrem Einkaufswagen beiseite und gegen einen Mann. Der schimpft los und alle gucken zu ihm: »Das Mädchen ist dran. Nicht Sie!«

Trotzdem redet die Frau weiter. Jetzt guckt die Verkäuferin zur Frau mit Dröhnstimme und zu mir. Dann sagt sie: »Das Mädchen wartet schon länger. Was möchtest du?«

»Pflaumenkuchen. Für jeden von uns ein Stück.«

»Wie viele seid ihr?«, fragt die Verkäuferin.

»Mama, Papa und ich.«

»Drei Stück also. Soll Sahne drauf?«

Ich überlege. Stehe zwischen den Großen und weiß nicht, ob ich Sahne kaufen soll.

Papa isst so was nämlich manchmal nicht.

Er findet, dass er zu dick wird.

Trotzdem sage ich: »Mit Sahne.«

Runterkratzen können wir sie immer noch.

»Brot brauche ich auch«, sage ich.

»Was für eins?«, fragt die Verkäuferin.

Ich sehe zu den vielen Broten im Regal. Welches essen wir?

Ich gucke und gucke. Jemand stöhnt ungeduldig.

Schnell zeige ich auf ein Brot. Außerdem kaufe ich noch eine Rolle Lakritze. Der Mann neben mir legt alles in meinen Einkaufswagen. Vorsichtig macht er das, damit der Kuchen nicht Matsch wird. Der Mann ist nett und die Verkäuferin auch. Sie sagt jetzt: »Bezahlen musst du vorne an der Kasse.« Ich schiebe meinen Wagen durch einen Gang. Plötzlich stehe ich vor einer Tiefkühltruhe voller Eis. Ich zieh mich am Rand der Truhe hoch und beuge mich nach vorne. Da spüre ich eisige Luft. Aber zu dem leckeren Eis komme ich nicht. Bin zu klein. Mist!

Eis wäre eine prima Überraschung für Papa, Mama und meinen Freund Leon. Jetzt steht eine junge Frau neben mir. Die fragt mich, ob sie mir helfen kann. Ich nicke und zeige auf ein kleines Eis. Das ist für Papa. Weil er ja nicht dicker werden will. Und dann zeige ich auf drei größere Eis. Die sind für Mama, Leon und mich. Die Frau gibt mir alles und geht.

An der Kasse stehen Leute. Sie legen ihre Einkaufssachen auf ein Band. Das läuft dann zur Frau, bei der man bezahlen muss. Lustig sieht das aus, wie die Sachen losrennen und stehen bleiben.

Ich lege einen Stab hinter meine Einkaufssachen auf dem Band. So weiß die Kassiererin, was mir gehört.

Die Kasse piept los. Hoffentlich reicht mein Geld. Jetzt sagt die Frau: »11,80.«

Ich lege das Geld in ihre Hand. Ja, es reicht. Ich krieg sogar noch etwas zurück.

Nun kommt alles in die Einkaufstasche. Der Kuchen natürlich obenauf. Puppi lege ich daneben.

Dann gehe ich aus dem Laden und die Straße runter. Unterwegs muss ich immer wieder stehen bleiben, weil die Tasche so schwer ist. Außerdem baumelt sie gegen meine Beine. Ich trag sie mal mit der einen Hand, mal mit der anderen. Dazwischen schleppe ich das schwere Ding auch mit beiden Händen.

Aus dem Efeuhaus duftet es nicht mehr. Schade. Plötzlich fährt ein Auto an mir vorbei.

Das ist unseres!

Papa und Mama kommen zurück.

Sie steigen vor unserem Haus aus dem Auto. Papa hat ein großes Paket im Arm. Schnell stelle ich die Tasche auf den Gehsteig und renne zu ihnen. Mama sieht mich. Sie breitet die Arme aus und ich lauf rein.

Ich zeige zu meiner vollen Einkaufstasche auf dem Gehweg. Erstaunt fragt Mama: »Hast du das alles eingekauft?«

Ich nicke.

»Das hast du allein geschafft und hergeschleppt?«, fragt Papa.

Und ich nicke wieder. Dann gehen Mama und ich zur Tasche. »Du musst sie vorsichtig tragen«, sage ich. »Da ist Pflaumenkuchen drin.« Von den Überraschungen für uns alle verrate ich noch nichts.

Wenn wir oben sind, ruf ich Leon an. Ich erzähle ihm vom Einkaufen und vom Eis. Dann kommt er bestimmt.

Jetzt fällt mir ein, dass wir die Tasche gemeinsam tragen können. Also nehme ich den einen Henkel, Mama den anderen. Weil Mama so groß ist, hängt die Tasche ziemlich schief zwischen uns. So tragen wir sie ins Haus. Und ich freu mich riesig.

Ich war zum ersten Mal einkaufen. Allein! Hab's geschafft! Puuh. Toll!

Was ist in den Wolken?

Maren von Klitzing

In diesen Ferien verreiste Kalle nicht wie sonst mit Mama und Papa nach Dänemark. Nein, diesmal fuhren sie nach Italien, wo garantiert die Sonne schien. Sie fuhren? Falsch! Sie flogen – und zwar in einem richtigen Flugzeug! Und deshalb stand Kalle auch an diesem frühen Julimorgen mit seinen Eltern in der großen Abflughalle des Flughafens.

Urlauber schoben ihre Koffer auf Gepäckwagen umher, und vor den Schaltern bildeten sich lange Schlangen. Mama, Papa und Kalle stellten sich hinten an. Kalles Herz schlug schneller. Es war das erste Mal, dass er in einem Flugzeug flog. Bald würde er oben in den Wolken sein, mitten im Himmel. Was er dann wohl sehen würde?

»Da sitzen Engel auf Wolken und machen mit Gießkannen Regen«, hatte Sophie in der Kita behauptet. »Quatsch«, hatte Kalles Freund Max entgegnet. »Auf den Wolken sind ganz viele Vögel, weil es nicht genug Bäume auf der Erde gibt.« Und Paul, der ein großer Dinosaurierfreund war, vermutete, dass im Himmel lauter Flugdinosaurier umherflogen. »Aber die sind doch ausgestorben«, hatte Kalle geantwortet. »Ja, aber nur auf der Erde, im Himmel gibt es sie noch.« Davon war Paul überzeugt. Das machte Kalle sehr nachdenklich. Ob es im Himmel vielleicht noch

andere ausgestorbene Tiere gab? Und was war mit seinem Zwergkaninchen, das vor einiger Zeit gestorben war? Hatte Mama da nicht auch gesagt, es wäre jetzt im Himmel?

»Kann ich bitte Ihre Flugtickets und Ihre Reisepässe sehen?«, fragte die Frau hinter dem Schalter. Kalle hatte gar nicht mitbekommen, dass sie schon an der Reihe waren. Mama holte die Tickets aus ihrer Handtasche, und Papa stellte ihre Koffer auf das Laufband. Die Frau tippte etwas in ihren Computer. »Möchtest du gern am Fenster sitzen?«, fragte sie Kalle. »Gern!«, antwortete er.

»Gut.« Die Frau druckte ein paar Zettel aus. »Dies sind die Bordkarten, darauf stehen die Nummern der Sitzplätze.« Sie lächelte Kalle an. »Und für dich habe ich einen schönen Fensterplatz reserviert.«

»Das ist super!« Kalle strahlte. Das Laufband setzte sich in Bewegung, und das Gepäck verschwand hinter einem Plastikvorhang. Papa erklärte, dass das Gepäck nun in den Frachtraum des Flugzeugs verladen würde.

Kalle folgte seinen Eltern durch die Sicherheitskontrolle und danach zum Boarding Gate. Dort war ein Warteraum, wo sich alle versammelten, die mit demselben Flugzeug verreisen wollten. Kalle setzte sich. Durch die große Fensterfront konnte er das Flugzeug schon sehen. Ein großer Tankwagen stand davor und lieferte neuen Treibstoff. Nun kam auch der Gepäckwagen angefahren.

Endlich wurde ihr Flug aufgerufen. Die Bodenstewardess kontrollierte die Bordkarten, und dann gingen Kalle und seine Eltern zusammen mit den anderen Fluggästen durch eine Tür und betraten über eine Fluggastbrücke

das Flugzeug. Als alle auf ihren Plätzen saßen und sich angeschnallt hatten, rollte das Flugzeug auf die Startbahn.

Kalle spürte ein Kribbeln im Bauch. Es ging los! Das Flugzeug fuhr immer schneller, so schnell, dass er tief in den Sitz gedrückt wurde. Und dann hob es auch schon ab. Es stieg steil auf und durchbrach die dichte Wolkendecke. Kalle kniff die Augen zu. Plötzlich war es sehr hell, er blickte direkt in die Sonnenstrahlen. Viele kleine Wolken, die wie dicke Schafe aussahen, schwebten in der Luft. Kalle versuchte sie zu zählen, eins, zwei, drei, vier … Davon wurde er ganz müde. Kein Wunder, er war ja auch schon seit fünf

Uhr morgens auf den Beinen. Er gähnte, seine Augenlider wurden immer schwerer.

Auf einmal klopfte etwas gegen das Fenster. Es war der Schnabel eines Flugdinosauriers. Der Saurier sagte etwas, und obwohl Kalle ihn nicht hören konnte, verstand er ihn genau. »Einmal umsteigen, bitte. Ich bringe dich direkt zu deinem Ziel.« Jetzt merkte Kalle auch, dass das Flugzeug zum Stehen gekommen war, mitten in der Luft. Die Türen hatten sich geöffnet. Während er noch überlegte, was er tun sollte, erblickte er den Piloten. Er saß auf dem Rücken eines großen Flugsauriers und winkte ihm zu. Kalle löste den Gurt. Das wollte er auch! Er kicherte. In der Kita würden seine Freunde Augen machen, wenn er ihnen das erzählte …

Plötzlich spürte er, wie ihn jemand anstupste. »Aufwachen, Kalle«, sagte Mama und strich ihm über das Haar. »Wir landen gleich. Schau mal, wie die Stadt von oben aussieht.«

Kalle rieb sich die Augen und erblickte ein türkisblaues Meer und Häuser, die klein wie Spielzeug waren. Hatte er etwa alles nur geträumt? Kalle grinste. Tja, jetzt wusste er immer noch nicht, ob Flugdinosaurier im Himmel lebten. Aber zum Glück gab es ja noch den Rückflug. Und den würde er auf keinen Fall verschlafen!

Neun nagelneue Räuber und eine Prinzessin

Anne Ameling

Räuberhauptmann Reginald Ratz rauft sich seine wilden Zottelhaare. Seit seine alte Räuberbande plötzlich beschlossen hat, anständig zu werden und lieber am Strand von Ripipi Eis zu verkaufen, als im Wald Leute zu überfallen, geht einfach alles schief.

Zwar hat Ratz neun wilde Kerle für eine nagelneue Räuberbande gefunden, aber die haben keine Ahnung vom Räubersein. Feuer machen können sie nicht, ihre Flüche sind schlapp wie Nudelsuppe, und nicht ein einziges

Räuberlied kennen sie! Dabei sollen sie heute das erste Mal die königliche Kutsche überfallen.

»Räubersein ist ganz einfach«, erklärt Ratz ihnen immer wieder. Dabei fuchtelt er gefährlich mit seinem Räubermesser herum. »Wir legen uns im Wald auf die Lauer. Wenn die Kutsche kommt, stürmen wir mit Gebrüll aus dem Gebüsch, umzingeln sie, klauen das Gold und verschwinden wieder im Wald. Klar?«

»Wie Kloßbrühe!«, rufen die Räuber.

Aber so klar ist das dann doch nicht. Wer auf der Lauer liegt, muss leise sein. Das wissen die neun nagelneuen Räuber nicht. Sie lärmen und rascheln, dass man es durch den ganzen Wald hört. Nur gut, dass die königliche Kutsche sich verspätet!

»Soll man uns bis ins Schloss hören, ihr Rostrüben?«, brüllt Reginald Ratz.

Nein, soll man nicht. Also geben sich die neun nagelneuen Räuber viel Mühe mit dem Leisesein. So viel Mühe, dass sie bald tief und fest schlafen. Und dann kommt endlich die Kutsche! Ratz stürmt mit Gebrüll aus dem Gebüsch. Die neun nagelneuen Räuber schrecken hoch und stolpern gähnend hinterher. Der Kutscher schaut verwundert auf den verschlafenen Räuberhaufen. Schnell versucht er, die Kutsche zu wenden und in die andere Richtung zu entwischen. Da erst merken die Räuber, dass sie alle vor der Kutsche stehen. »Umzingeln, hab ich gesagt!«, ruft Reginald Ratz im selben Moment.

Endlich werden die neun nagelneuen Räuber richtig wach! Sie rennen wild herum und rufen durcheinander: »Halt! Nicht doch! Stehen bleiben!«

Zum Glück kann Ratz die Kutsche dann doch noch stoppen.

Darin sitzt Prinzessin Elfi. Mit einer hübschen Goldtruhe.

»Gold her!«, knurrt Ratz.

»Nein!«, sagt Elfi trotzig.

»Sofort!«, knurrt Ratz.

»Man sagt Bitte!«, sagt Elfi.

Reginald Ratz wird knallrot und stampft mit den Füßen. »Ein Räuber sagt niemals Bitte!«

»Dann kriegst du auch kein Gold«, sagt Elfi.

Auch das noch! Ratz steigt in die Kutsche und will Elfi das Gold wegnehmen. Nach echter Räuberart eben. Da schreit Elfi los – so schrill und laut, dass den armen Räubern fast die Ohren abfallen und Ratz rückwärts aus der Kutsche plumpst!

»Aufhören! Bitte!«, rufen die Räuber, die Hände auf die Ohren gepresst.

»Was habt ihr gesagt?«, fragt Elfi und holt noch einmal tief Luft.

»Bitte, aufhören!«, sagt Ratz kleinlaut. »Bitte, wir wollen doch nur das Gold!«

»Weil heute mein Geburtstag ist«, sagt Elfi großzügig, »bekommt jeder von euch ein Goldstück!« Und dabei bleibt es: ein mickriges Goldstück für jeden Räuber.

Ratz kann das alles nicht glauben. So einen blöden Überfall hat er in seinem ganzen Räuberleben noch nicht erlebt! Er sieht seine nagelneue Räuberbande grimmig an und brummt: »Morgen bringe ich euch ollen Knödelköppen erst mal ein paar echte Räuberlieder bei!«

Eine Tagesmutter für Marie

Sabine Rahn

Marie gefällt es im Kindergarten noch viel besser, als sie gedacht hat.

Zu Hause hat sie nur Mama zum Spielen – und die hat auch nicht immer Lust. Aber im Kindergarten ist sie nie alleine.

Erst recht nicht, seitdem Lotta ihre beste Freundin ist.

Als Mama sie mittags abholt, sagt Marie: »Eigentlich brauchst du mich gar nicht mehr abzuholen. Ich kenne den Weg auch schon alleine.«

Marie zieht sich Jacke und Schuhe an.

Und dann hüpft sie vor Mama auf dem Bürgersteig entlang, damit die sieht, dass sie den Weg wirklich schon ganz prima alleine findet.

Mama streicht Marie übers Haar und lächelt. »Du bist ja schon so selbstständig, meine Große!«

Marie balanciert stolz neben ihrer Mama auf dem Bordstein.

»Dann kann ich ja eigentlich auch wieder arbeiten gehen«, sagt Mama. »Was meinst du?«

Marie zuckt mit den Schultern. »Klar, wenn du willst …«, antwortet sie. Papa geht ja schließlich auch arbeiten.

Jetzt sind sie schon fast zu Hause.

»Wer zuerst am Gartentor ist!«, schreit Marie und rennt los.

Marie ist schnell, aber Mama hat längere Beine.

»Meine Mama wird auch bald wieder arbeiten gehen«, erzählt Marie Lotta am nächsten Tag im Kindergarten. »Genau wie deine!«

Lotta macht ihren Sandkuchen zweistöckig. »Und dann gehst du nach dem Kindergarten auch immer zu deiner Oma?«, fragt sie.

»Nee. Wieso?«, fragt Marie.

»Na, weil die Arbeit nie so früh aus ist wie der Kindergarten«, erklärt Lotta.

»Ach so«, sagt Marie. »Stimmt, Papa kommt auch immer erst abends.« Sie überlegt. »Aber zu meinen Omas kann ich nicht. Die wohnen weit weg. Wenn wir sie besuchen, müssen wir ganz lange mit dem Zug fahren.«

»Alleine Zug fahren kannst du noch nicht«, sagt Lotta.

»Aber wo soll ich denn dann hin?«, fragt Marie. Sie hat auf einmal einen dicken Kloß im Hals.

Lotta legt den Arm um ihre Freundin. »Du kommst einfach mit zu meiner Oma«, sagt sie.

»Wenn du wieder arbeitest, gehe ich nach dem Kindergarten mit zu Lottas Oma«, verkündet Marie abends beim Tischdecken.

»Soso«, murmelt Mama und probiert die Salatsoße.

»Das ist doch eine gute Idee«, sagt Papa. »Vor allem billiger als eine Tagesmutter.«

»Tagesmama – Nachtpapa!«, singt Marie und tanzt um den Tisch herum. »Das seid ihr: Tagsüber ist Mama da, und abends kommt Papa.«

Marie setzt sich an den Tisch und gießt sich Apfelsaft ein.

»Aber wieso ist Mama teuer?«, fragt sie. »Kauft sie zu viele Kekse?«

Papa stupst Marie mit dem Zeigefinger auf die Nase. »Du isst zu viele Kekse!«, sagt er.

»Dann bin ich zu teuer?«, fragt Marie.

Papa lacht. »Klar, Kinder sind immer schrecklich teuer!«

Mama setzt sich zu Papa und Marie an den Tisch. »Papa meint nicht mich, sondern eine richtige Tagesmutter«, erklärt sie.

»Du bist doch eine richtige Tagesmutter«, sagt Marie. Sie legt ein Gesicht aus Tomatenstückchen und Gurken auf ihr Käsebrot. Dann beißt sie ihrem Käsebrotgesicht ein Auge weg.

»Aber ich bin doch abends auch da«, sagt Mama. »Ich bin eine Tages- und eine Nachtmama. Eine Immer-Mama sozusagen.«

»Das stimmt«, sagt Marie. »Aber wer ist dann eine Tagesmutter?«

»Ich kenne eine«, sagt Mama. »Sie heißt Katja und wohnt in der Grimmstraße. Wenn du magst, können wir sie ja morgen nach dem Kindergarten mal besuchen.«

»Wieso?«, fragt Marie.

»Na, damit du mal siehst, wie es bei einer Tagesmutter so zugeht«, sagt Papa.

»Und wenn es dir dort gefällt«, fügt Mama hinzu, »möchtest

du vielleicht nach dem Kindergarten bei Katja bleiben, wenn ich wieder arbeiten gehe.«

»Glaub ich nicht«, sagt Marie.

Beim Tischabräumen ist Marie ganz still: Die Eltern von Hänsel und Gretel haben ihre Kinder in den Wald gebracht. Und Maries Eltern wollen sie morgen zu einer Tagesmutter bringen …

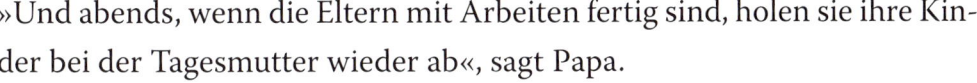

Mama erzählt, wie so ein Tag bei einer Tagesmutter aussieht: »Du musst es dir ein bisschen so vorstellen wie im Kindergarten, Marie«, sagt sie. »Die Tageskinder essen dort, sie spielen miteinander, und manche machen da auch ihren Mittagsschlaf.«

»Und abends, wenn die Eltern mit Arbeiten fertig sind, holen sie ihre Kinder bei der Tagesmutter wieder ab«, sagt Papa.

Das haben die Eltern von Hänsel und Gretel auch gesagt, denkt Marie.

»Dann haben manche Kinder eine Tagesmutter und eine Nachtmama?«, fragt sie.

»Genau«, sagt Papa. Er nimmt Marie auf den Arm. »Soll ich dir noch etwas vorlesen vorm Schlafengehen?«, fragt er. »Dornröschen vielleicht?«

»Lieber Hänsel und Gretel«, antwortet Marie.

Am nächsten Morgen zieht Mama ihr grünes Kostüm und ihre neuen hohen Schuhe an. »Trink aus, Marie. Wir müssen los!«, drängt sie.

»Ich kann ja meine Legotankstelle verkaufen«, sagt Marie. »Vielleicht auch meinen Kaufladen.«

»Warum?«, fragt Mama überrascht. »Spielst du denn nicht mehr gerne damit?«

»Doch – nur damit wir nicht mehr so arm sind«, antwortet Marie.

»Wie kommst du denn darauf, dass wir arm sind?«, fragt Mama.

Marie trinkt ihren Kakao. Ganz langsam. Sodass sie Mama nicht antworten muss.

»Weil ich arbeiten gehen will?«, fragt Mama. »Aber wir sind doch nicht arm, Schatz. Ich gehe gerne arbeiten.« Sie strubbelt Marie über den Kopf. »Du musst deine Spielsachen nicht verkaufen.« Dann schaut sie auf die Uhr. »Aber jetzt komm. Wir müssen wirklich los, ich bin schon spät dran! Und heute Nachmittag besuchen wir dann die Tagesmutter«, sagt sie, während sie Marie die Schuhe zubindet.

Im Kindergarten hat Marie heute zu gar nichts Lust.

»Komm, wir rutschen«, schlägt Lotta vor.

»Nee«, sagt Marie. »Mag nicht.«

Also geht Lotta mit Caroline und Robin rutschen. Marie bleibt im Sandkasten sitzen und schiebt mit dem Fuß Sand in die Mitte.

Kurze Zeit später kommt Lotta zurück. »He, Marie! Komm, spiel Fangen mit uns!«, ruft sie.

Marie schaut nicht auf. Sie tut so, als würde sie Lotta gar nicht hören.

Auf einmal sitzt Lotta neben ihr. »Hast du was?«, fragt sie.

»Hm«, macht Marie. Und dann läuft ihr eine Träne über die Wange. »Wir sind schrecklich arm«, sagt sie, »genau wie die Eltern von Hänsel und Gretel. Und jetzt wollen Mama und Papa mich auch weggeben. Zu einer Tagesmutter.«

»Oje«, sagt Lotta.

»Heute Nachmittag will Mama mich schon hinbringen«, sagt Marie.

»Soll ich dir helfen, Kieselsteine zu sammeln?«, fragt Lotta. »Dann findest du wenigstens wieder heim.«

Marie nickt. Das ist eine gute Idee.

Nachmittags regnet es. Aber zur Grimmstraße ist es nicht weit.

Marie nimmt ihren Entenregenschirm, und Mama hat ihren Regenbogenschirm aufgespannt.

»Sag mal, Marie, was hast du eigentlich in deinen Jackentaschen?«, fragt Mama. »Die sind ja so ausgebeult.«

»Ach, nichts«, sagt Marie und lässt heimlich wieder ein Kieselsteinchen fallen.

Als sie bei der Tagesmutter vor der Tür stehen, klopft Maries Herz bis zum Hals. Mama klingelt, und Marie fasst nach Mamas Hand. Ob die Tagesmutter aussieht wie die Hexe bei Hänsel und Gretel oder eher wie die schöne, böse Stiefmutter bei Schneewittchen?

Die Tür geht auf. Marie hält den Atem an.

Es ist ein Junge, der die Tür aufmacht. Er ist ungefähr so alt wie Marie.

»Hallo«, sagt der Junge. »Ich heiße Juri. Katja kommt gleich, sie ist mit Mathis im Bad. Er hat schon wieder die Hosen voll!« Er lächelt Marie an.

»Bist du das neue Tageskind?«

Marie schüttelt den Kopf. »Nein«, sagt sie bestimmt. »Bin ich nicht!«

Eine junge Frau mit einem Baby auf dem Arm kommt zur Tür. »Guten Tag, Frau Schüler«, sagt sie zu Mama und gibt ihr die Hand.

Dann beugt sie sich zu Marie hinunter. »Hallo, Marie«, sagt sie. »Schön, dass du mitgekommen bist. Ich bin Katja.«

Marie rückt ganz dicht an Mama und guckt sich die Tagesmutter genau an.

Sie sieht eigentlich nicht gefährlich aus. Das Baby patscht ihr mit seinen dicken Händchen ins Gesicht. Dann bekommt es ihren Pferdeschwanz zu fassen und zieht daran.

»Aua!«, ruft Katja.

Erschrocken schaut Marie die Frau an, aber sie schimpft nicht – sie lacht sogar.

Auf einmal stehen noch zwei Mädchen im Flur und starren Marie neugierig an.

»Juri, Anne und Jana sind meine Tageskinder«, erklärt Katja. »Der kleine Mathis hier ist mein Sohn. Juri hole ich jeden Tag vom Kindergarten ab. Und Anne und Jana kommen nach der Schule hierher. Dann essen wir gemeinsam, machen zusammen Hausaufgaben, malen und spielen. Und abends holen die Eltern die drei wieder ab.«

»Jeden Abend?«, fragt Marie.

»Jeden Abend«, versichert Katja.

Dann zeigt Katja Mama und Marie die ganze Wohnung. Im Bad sind Fischkacheln an den Wänden, und in der Küche steht ein Käfig mit zwei Kaninchen.

»Sind die süß!«, ruft Marie.

»Das braune heißt Winni und das schwarze Minni«, sagt Anne.

»Darf ich sie streicheln?«, fragt Marie.

»Wir dürfen sie sogar rausholen«, sagt Jana zu Marie und öffnet den Käfig. »Setz dich, dann kannst du Winni mal auf den Schoß nehmen.«

Winni schnuppert neugierig an Maries Händen. Seine Schnurrhaare kitzeln, und sein Fell ist samtig weich.

Anne gibt Marie eine Möhre: »Versuch mal, ob er Hunger hat!«, sagt sie.

Aber Winni mag jetzt nicht fressen. Bevor Marie ihn festhalten kann, springt er von ihrem Schoß und hoppelt aus der Küche.

»He«, schreit Jana, »du darfst doch gar nicht aus der Küche raus!«

»Er kötelt nämlich überallhin«, erklärt Juri. »Kommt, wir müssen ihn wieder einfangen!«

Marie, Juri, Anne und Jana suchen überall. Aber Winni hat sich gut ver-

steckt. Schließlich entdeckt Marie das Kaninchen in einem Puppenbett im Kinderzimmer. »Ich hab ihn!«, ruft sie und macht schnell die Tür zu, damit er nicht rauskann. Die anderen Kinder quetschen sich vorsichtig durch einen kleinen Spalt ins Zimmer.

Jana nimmt Winni auf den Arm und bringt ihn zurück in seinen Käfig.

Im Flur stehen ein Mann und eine Frau: Es sind Juris Papa und Annes Mama.

»Müssen wir wirklich schon gehen?«, fragt Juri. Sein Papa nickt.

»Tschüss!«, sagen Juri und Anne, und Juri gibt der Tagesmutter sogar einen Kuss.

»Bis morgen!«, sagt Anne zu Marie. »Du kommst doch wieder, oder?«

»Klar!«, sagt Marie. »Und dann bringe ich für Winni und Minni Möhren mit.«

»Bei einer Tagesmutter ist es fast so schön wie im Kindergarten«, sagt Marie auf dem Heimweg zu Mama. »Nur Lotta fehlt. Aber Juri, Jana und Anne sind auch ziemlich nett.«

Und dann holt Marie die Kieselsteine aus ihren Jackentaschen und wirft sie alle weg.

Träum schön, Vincent!
Brigitte Kolloch

»Gute Nacht, Vinci«, sagte meine Mama.

Vinci! Wie sich das schon anhörte, winzig und klein. »Ich bin fast vier Jahre alt, nenn mich nicht Vinci!« Ich war wütend auf meine Mama.

»Ach, mein Kleiner.« Mama wuselte mir durch die Haare.

»Nacht!« Ich drehte mich zur Wand, kuschelte mich in mein Kissen.

»Träum schön, Vincent.« Mama ging aus meinem Zimmer, und dabei sang sie ein Lied – wie jeden Abend.

Ich freute mich, obwohl Mama »Vinci« gesagt hatte. Denn heute würde ich zum ersten Mal einen coolen Traum träumen. Das hatte ich mir fest vorgenommen. Und Papa hatte mir erklärt, dass das echt funktioniert, wenn man sich das ganz doll wünscht.

Was ist eigentlich ein cooler Traum? Meine Cousine Lea, die schon zehn ist, meint, *cool* hätte etwas mit *kalt* zu tun. Friert man dann im Traum? Oder träumt man von Schneemännern und Schlittenfahren?

Eigentlich war ich viel zu müde, um darüber nachzudenken. Und gähnen musste ich auch! Gut, dass mein Bett so gemütlich ist.

Doch da rief auf einmal jemand: »Hallo, Vincent, huhu!«

Ich rieb mir die Augen. Als ich auf den Boden sah, entdeckte ich etwas

Unglaubliches: meine Mama. Und die war winzig klein, kleiner als ein Baby.

Ich holte tief Luft. »Hallo, Mamilein«, rief ich ihr zu. »Warum bist du denn so klein?«

»Ich bin kurz eingeschlafen«, erzählte sie. »Und als ich aufwachte, war das Sofakissen so groß wie ich.«

»Ach, Mamilein«, sagte ich. »Ich helfe dir, meine Kleine.«

»Sag nicht ›Mamilein‹ zu mir«, meinte sie wütend.

Da kam unser Hund Jasper ins Zimmer. Der war auf einmal viel größer als Mama. Wahnsinn!

»Hallo, Jasper.« Mamas Stimme zitterte. Sie klammerte sich an mein Bein.

Jasper ging direkt auf Mama zu und schleckte ihr das Gesicht ab.

»Igitt!«, rief sie. »Jetzt muss ich erst mal duschen.«

Sie schien wegen ihrer Größe richtig durcheinander zu sein, stand vor der riesigen Dusche und kam nicht dran.

»Ich helfe dir«, sagte ich. Ganz ruhig setzte ich sie ins Waschbecken und steckte den Stöpsel rein, damit Mama nicht im Abfluss landete.

Doch da hatte Mama etwas entdeckt. »Hui«, rief sie, als sie den Waschbeckenrand hinunterrutschte. Das machte ihr Spaß.

»So, Mama, jetzt reicht's«, sagte ich, nachdem sie zum zwanzigsten Mal gerutscht war.

»Hui!«, juchzte sie. Sie hörte überhaupt nicht auf mich.

»Ich habe Hunger, Mama!«, rief ich.

Doch Mama rutschte einfach weiter. Hui!

Irgendwann reichte es mir. Ich machte das kalte Wasser an.

»Brrr, ist das kalt! Du Spielverderber«, rief Mama. »Du bist echt gemein.«

»Und du hörst mir gar nicht zu«, antwortete ich.

»So«, schnaubte Mama. »Ich will jetzt geföhnt werden.«

»Ein bisschen freundlicher bitte, meine Kleine«, meinte ich.

Mama lachte. »Wer ist hier die Mutter? Du hörst dich ja an wie ein Erwachsener.«

»Und du wie ein nörgelndes Baby«, sagte ich und musste lachen. »Mama, ich hab Hunger.«

Endlich hatte sie begriffen. Mama ging schnurstracks in die Küche. Wahnsinn, wie schnell sie mit ihren kurzen Beinen laufen konnte.

»Uff«, schnaufte Mama. Sie zog den Kartoffelsack zu sich her. Das sah echt komisch aus. »Lach mich nicht aus, hilf mir«, meinte sie.

Ich gab Mama das Schälmesser. Mama schaute betrübt drein, denn das Messer hatte für sie die Größe eines Riesenschwertes. »So kann ich unmöglich Kartoffeln schälen«, seufzte sie.

»Ach, Mama«, beruhigte ich sie. »Ich mach uns ein paar Brote.«

Das war echt cool, dass ich Mama helfen musste. Ich fühlte mich das erste Mal richtig groß und wichtig.

»Die harte Rinde esse ich nicht«, meckerte Mama. »Schneid die ab.«

Mama konnte nur ein ganz kleines Stück Brot essen, mehr passte nicht in ihren kleinen Bauch. Dafür konnte ich drei Brote und noch einen Schokopudding essen.

Cool war das, richtig cool! Zum ersten Mal der Große zu sein …

Da fiel ich auf was Hartes. »Aua!«, rief ich und rieb mir die Stirn. War ich aus meinem Bett geplumpst? Sofort hatte ich eine ordentliche Beule. Ich lief ins Badezimmer, um mir einen kalten Waschlappen zu holen.

Als ich am Schlafzimmer vorbeitapste, lag Mama neben Papa in ihrem Bett und schlief. Und sie war ganz normal groß. Hatte ich das alles eben etwa geträumt? Ich seufzte.

Cooler Traum, dachte ich, als ich wieder im Bett lag. Hoffentlich träume ich den noch ganz oft.

Ein Ehrenplatz im Intercity

Isabel Abedi

Anton liebte Züge. Er hatte eine Holzeisenbahn und zehn Spielzeugzüge, und wenn er ein Bild malte, war immer dasselbe drauf: ein Zug.

Aber Anton war noch nie in einem echten Zug gefahren. Bis zu dem Tag, als Mama mit ihm zu Opa aufs Land wollte. »Da fahren wir mit dem Intercity hin«, sagte Mama. Anton sprang vor Freude in die Luft.

Der Intercity war ein richtig toller Zug, und am Abreisetag war Anton so aufgeregt wie noch nie in seinem Leben. Papa brachte sie zum Bahnhof. Der Intercity stand schon am Gleis. Er war weiß und lang wie eine Riesenschlange, und Anton wäre am liebsten gleich hineingestürmt – wenn er nur gekonnt hätte. »Um Himmels willen«, stöhnte Mama und hielt Anton fest am Arm. »Ist das voll hier!«

Ja, voll war es wirklich. Entsetzlich voll. Die Menschen drängelten und schubsten und schimpften, und Mama schob Anton ächzend vor sich her durch die überfüllten Gänge. Nirgends war ein Sitzplatz frei.

»Auch das noch«, stöhnte Mama. »Was machen wir denn jetzt?«

»Weitergehen!«, schimpfte jemand hinter ihnen.

»Da!«, rief Mama endlich. »Da, in dem Abteil ist was frei.«

Tatsächlich. Ein einziger Sitzplatz war noch nicht besetzt. Anton musste

sich auf Mamas Schoß setzen. Das war unbequem. Und im Abteil war es stickig und stinkig. Die anderen Fahrgäste hatten ihre Gesichter hinter Büchern und Zeitungen vergraben.

Als Anton mit den Beinen baumelte und den Herrn gegenüber aus Versehen anstieß, sah der ärgerlich hinter seiner Zeitung hervor.

»Kannst du nicht aufpassen?«

»'tschuldigung«, murmelte Anton und zog gekränkt die Füße ein. So hatte er sich das Zugfahren wirklich nicht vorgestellt. Nicht mal rausgucken konnte er. Die Frau am Fenster hatte die Rollläden runtergezogen, damit die Sonne nicht ins Abteil schien. Vor lauter Enttäuschung hätte Anton beinahe losgeheult. Doch da kam zum Glück der Schaffner.

»Die Fahrkarten, bitte!«, sagte er freundlich.

Anton durfte ihm seine und Mamas Karten geben. Der Schaffner knipste sie mit einem kleinen Gerät ab und sagte: »Du bist doch eigentlich viel zu groß, um die ganze Zeit auf Mamas Schoß zu sitzen. Was meinst du, hast du nicht Lust, den Lokführer zu besuchen?«

Mit einem Satz sprang Anton auf. »Darf ich, Mama?«, rief er aufgeregt. Mama lachte. »Aber passen Sie gut auf ihn auf«, sagte sie zum Schaffner.

»Wird gemacht«, sagte der und nahm Anton bei der Hand.

Zum Lokführer war es gar nicht weit. Der saß ganz allein im Fahrerwagen, hinter einer geöffneten Glastür.

»Hallo, Klaus«, sagte der Schaffner. »Darf der junge Herr bei dir sitzen?«

Der Lokführer zwinkerte Anton zu. »Klar doch«, sagte er und klopfte auf den freien Sessel neben sich. Anton platzte fast vor Stolz. Was für ein Ausblick! Und was für viele Knöpfe und Schalter! Das war ja toller als in einem Raumschiff!

»Wozu sind die denn alle?«, fragte Anton. Der Lokführer erklärte es ihm, und Anton hörte mit leuchtenden Augen zu. Als Mama nach einer ganzen Weile an der Glastür stand, wusste Anton alles über Züge. Dass eine Lok mit Strom fährt, zum Beispiel. Und dass dieser Strom aus dem Draht über den Gleisen kommt. Und dass die Signale auf den Schienen den Verkehr regeln – wie die Ampeln und Schilder auf der Straße.

»Aber jetzt müssen wir aussteigen«, sagte Mama und lächelte den Fahrer an. »Vielen Dank, dass mein Sohn die ganze Zeit bei Ihnen bleiben durfte.«

»Es war mir ein Vergnügen«, sagte der. Und dann geschah etwas ganz und gar Wunderbares. Lokführer Klaus setzte Anton die Fahrermütze auf und öffnete das Seitenfenster. »Ich fahre jetzt ganz langsam in den Bahnhof«, sagte er. »Und wenn du deinen Opa siehst, dann wink mal ordentlich.«

Antons Opa stand ganz vorne am Gleis. Als er seinen Enkel am Fenster des Lokführers erblickte, fielen ihm fast die Augen aus dem Kopf. »Haaalllooo, Ooopa!«, schrie Anton und winkte wie verrückt. Er freute sich auf seinen Opa. Fast so sehr wie auf die Rückfahrt.

Schlaflos bei Oma Bielefeld

Anja Fröhlich

Karls Oma Bielefeld wohnt im Computer. Wenn Karl mit ihr sprechen will, setzt er sich einfach vor den Bildschirm und klickt ihren Namen an. Und schwups – erscheint Oma Bielefeld. Sie hat ein kugelrundes Gesicht mit einer eckigen Brille auf der Nase. Und sie wackelt immer ein bisschen mit dem Kopf, wenn sie redet.

Meistens zaubert sie Karl im Computer etwas vor. Oma Bielefeld kann einen Tischtennisball in ihrem Mund verschwinden und zu den Ohren wieder rauskommen lassen. Manchmal kommt auch ihr winziger Hund Ringo ins Bild und macht Kunststücke. Ringo kann durch einen goldenen Ring springen und eine Rolle machen. Einen richtigen kleinen Hunde-Purzelbaum!

»Komm mich doch mal besuchen«, sagt Oma aus dem Computer. »Dann zeige ich dir ein paar Zaubertricks. Oder wir bringen Ringo ein neues Kunststück bei. Du kannst dann auch bei mir übernachten!«

»Okay«, antwortet Karl. Ihm gefällt die Idee, Oma Bielefeld im Computer zu besuchen. Aber er hat auch ein klein wenig Angst, irgendwo anders zu übernachten. Er bekommt nämlich ganz schnell Heimweh. Einmal musste er sogar spätabends von Mama abgeholt werden, weil er bei seinem besten

Freund Ben nicht einschlafen konnte. Aber wenn er im Computer schläft, dann ist er ja im Grunde immer noch zu Hause!

Die Sache hat nur einen Haken: Karl weiß nicht genau, wie er in den Computer reinkommen soll. Er ist zwar der Kleinste in der Familie, aber der Computer ist noch viel kleiner als er. Vielleicht gibt es ja einen Trick, denkt Karl. Bestimmt hat Oma Bielefeld einen echten Zaubertrick auf Lager!

Leider gibt es keinen Zaubertrick, um zu Oma Bielefeld zu kommen. Als Karl seine Oma eines Tages wirklich besuchen will, muss er ziemlich lange mit dem Auto fahren. Genau genommen wollen Mama und Papa, dass Karl seine Oma besucht. Und zwar ein ganzes Wochenende lang. Mit zweimal Schlafen! Denn Mama und Papa wollen mal drei Tage lang nur Erwachsenensachen unternehmen. Ohne Karl.

Beim Autofahren wird Karl erst langweilig und dann schlecht.

Und als Papa sagt, dass sie jetzt bald da sind, wird ihm auch noch ganz mulmig zumute.

Kurz vor der Ankunft fahren sie an einem gelben Schild vorbei, auf dem »Bielefeld« steht.

»Heißen denn alle, die hier wohnen, Bielefeld?«, will Karl wissen. Mama und Papa lachen. »Bielefeld heißt doch nur die Stadt, in der Oma wohnt!«, meint Mama. »Oma selbst heißt Jutta.« Karl findet das nicht so lustig.

Oma Bielefeld wohnt in einem winzigen Haus, das mit vielen großen Möbeln zugestellt ist. Es riecht auch ganz anders als zu Hause!

Ringo kommt Karl zur Begrüßung entgegengesprungen und begrüßt ihn stürmisch. Er leckt ihm mit der rauen Zunge über seine Hand und macht eine Rolle. Da geht es Karl schon etwas besser.

Mama und Papa fahren gleich nach dem Mittagessen weiter. »Wir telefonieren heute Abend über den Computer«, ruft Mama Karl noch zu. Dann sind die beiden verschwunden.

»Macht nichts«, sagt Oma Bielefeld. »So haben wir den ganzen Kuchen für uns allein!«

Oma Bielefeld hat den leckersten Schokoladenkuchen der Welt gebacken. Und für Ringo einen Hundekuchen mit Leberwurstgeschmack. Zur Feier des Tages darf Ringo mit am Tisch sitzen. In Mamas altem Babystuhl!

»Ich gebe ihm auch Mamas altes Lätzchen«, sagt Oma Bielefeld. »Nur zur Sicherheit. Denn Ringo ist genau so ein Dreckspatz, wie deine Mutter es früher mal war!«

Karl muss lachen. Ringo schmatzt und verteilt den ganzen Hundekuchen auf dem Tisch.

»Können wir Ringo jetzt ein neues Kunststück beibringen?«, fragt Karl. »Vielleicht kann er ja durch einen brennenden Ring springen. Dann nennen wir ihn Feuer-Ringo.«

Oma schüttelt den Kopf. »Leider nein. Sein Fell könnte dabei anfangen zu brennen.«

»Dann basteln wir ihm einen Anzug aus Alufolie«, sagt Karl.

»Zu gefährlich«, meint Oma. Aber sie hat eine bessere Idee. Sie bringen Ringo bei, Karls Socke zu finden. Karl zieht eine Socke aus und hält sie Ringo unter die Nase. Dann geht er mit Ringo ins Bad, während Oma die Socke versteckt. Sie sucht sich die allerschwierigsten Verstecke aus: zwischen den alten Zeitungen, in einem Lockenwickler und sogar in ihrem Wäschesack, genau zwischen den dreckigen Socken von Oma Bielefeld. Aber Ringo findet Karls Socke jedes Mal auf Anhieb!

Abends ist Oma hundemüde. Und Ringo auch. Na ja, der ist ja auch wirklich ein Hund! Die beiden schlafen vor dem Fernseher ein, während Karl noch eine Zeichentrickserie sehen darf. Und: Beide schnarchen!

Dann klingelt plötzlich Omas Computer.

»Das ist Mama!«, ruft Karl und rüttelt seine Oma wach. Oma Bielefeld hat zwar alte Möbel, und sie ist auch selbst nicht mehr die Jüngste, aber sie hat einen ultramodernen Computer. Der ist so dünn und leicht wie ein Schulheft. Und man braucht ihn einfach nur aufzuklappen, damit er angeht. Auf dem Bildschirm sind Mama und Papa zu sehen. Sie haben bunte Ge-

tränke mit aufgesteckten Ananasscheiben und kleinen Papierschirmchen in der Hand. Karl möchte auch so etwas trinken. Er wäre jetzt gerne bei ihnen. Mama und Papa haben beste Laune. Viel bessere Laune als sonst, findet Karl. Oma Bielefeld gähnt.

»Oma bringt dich jetzt ins Bett«, sagt Mama. »Sie liest dir bestimmt noch eine Geschichte vor.«

»Aber *du* sollst mir etwas vorlesen«, protestiert Karl. Und dann muss er weinen.

Oma Bielefeld sagt, dass sie den Computer jetzt mal ausmachen und ins Bett gehen. Aber Karl will mit seiner Mama ins Bett. Darum schnappt er sich das super-extra-dünne Gerät und rennt damit ins Schlafzimmer. Schnell schlüpft er mit seiner Computer-Mama unter die Decke.

»So, jetzt lies vor, bevor Oma kommt!«, flüstert Karl.

Mama sieht ein bisschen verärgert aus. Und Papa ist gar nicht mehr im Bild zu sehen.

»Du darfst Oma nicht einfach den Computer klauen!«, sagt sie streng. Da steht Oma Bielefeld auch schon in der Tür. Samt Ringo, der Karls alte Socke im Maul hat und mit einem Satz auf das Bett springt. Zum Glück ist Oma gar nicht böse. Sie erlaubt sogar, dass Mama, Ringo und die Socke noch so lange bei Karl im Bett bleiben dürfen, bis er eingeschlafen ist.

Weil Mama kein Vorlesebuch dabeihat, erzählt sie Karl von ihrem Tag. Das ist wirklich gemütlich. Besonders gut gefällt Karl, dass Mamas Tag für seinen Geschmack richtig langweilig war. Sie ist mit Papa nur in Museen und alten Kirchen gewesen. Da hat es Karl bei Oma und Ringo viel besser gehabt. Mamas Tag war so langweilig, dass Karl schon nach den ersten Sätzen müde vom Zuhören wird. Er kann gerade noch sagen: »Rufst du mich morgen wieder an?« Dann fallen ihm die Augen zu. »Ich kann ja doch woanders als zu Hause einschlafen!«, denkt Karl. Dann schläft er mit Ringo um die Wette und träumt davon, mit seinem kleinen neuen Freund im Zirkus aufzutreten.

Das Wasser ist viel zu kalt!
Sandra Grimm

Avrelia sollte schwimmen lernen.

Aber Avrelia wollte nicht.

Sie stand am Ufer des Flusses und schaute auf das grünblaue Wasser.

»Wozu muss eine Fee denn schwimmen können?«, fragte sie und schwang dreimal ihren Zauberstab. Silberne Feenkristalle funkelten in der Luft, und schon bog sich eine nigelnagelneue Brücke über den Fluss. Avrelia lief hinüber. »Ich kann fliegen, ich kann laufen, ich kann springen«, sagte die kleine Fee. »Wozu auch noch schwimmen?«

Der alte Feenmann Waldemar lächelte. »Vielleicht hast du deinen Zauberstab einmal nicht dabei, wenn du an das andere Ufer willst. Schwimmen ist wichtig. Komm, ich zeig es dir noch mal!«

Avrelia seufzte. »Ich hasse Wasser. Es ist kalt und nass. Außerdem macht es meine Flügel schlapp.«

Waldemar lachte, dass sein dicker Bauch auf und ab wippte. Der alte Feenmann, der Avrelia das Schwimmen beibringen sollte, sah aus wie ein Walross. Er war unglaublich dick und hatte einen lustigen Schnurrbart. Avrelia grinste. »Kannst *du* denn überhaupt schwimmen, Waldemar?«

Waldemar schnaubte (was übrigens auch wie bei einem Walross klang).

»Natürlich«, brummte er. »Ich lasse mich ins Wasser fallen, schau – so.« Waldemar plumpste platschend in den Fluss. Dann drehte er sich auf den Rücken und paddelte mit den Beinen. »Komm rein«, rief er Avrelia zu. » Das Wasser ist wunderbar kühl!«

Die kleine Fee zog die Nase kraus. »Ich mag kein Wasser. Es ist kalt und nass und macht meine Flügel schlapp. Ich war noch nie im Fluss und will es auch nicht versuchen.«

Waldemar hob überrascht eine Walrossbraue. »Du warst noch nie im Fluss baden?«

Avrelia schüttelte ihren Feenkopf so heftig, dass kleine Glitzerkristalle herumflogen.

Der alte Feenmann grübelte. Schwimmen lernen ohne Wasser? Er wusste nicht, wie das gehen sollte.

Doch auf einmal wusste Avrelia es!

Die kleine Fee hob ihren Zauberstab, schwang ihn dreimal im Zickzack und murmelte etwas. Rosa Feenkristalle schossen über den langen Fluss und verwandelten das gesamte Wasser – in warmes Badewasser mit viel rosa Badeschaum!

»Igitt, iih, ah, uh, Hilfe!«, schrie der dicke Feenmann. So schnell er konnte, kletterte er aus dem Fluss. Avrelia kicherte. Und kletterte, so schnell sie konnte, in den Fluss hinein. »Ich bin im Wasser!«, jubelte sie.

Waldemar schnaubte. Er schüttelte erst den Kopf und dann die Flügel (die übrigens im Nu wieder trockneten, wie Avrelia überrascht feststellte).

»Badewasser, tss, warmes rosa Flusswasser, das gab's ja noch nie. Ts-ts-ts …«, murmelte er. Dann flog er brummelnd davon. In so einem schaumigen Flusswasser konnte er unmöglich einem Feenkind das Schwimmen beibringen.

»Schade«, meinte Avrelia. »Wie soll ich denn jetzt Schwimmen lernen?« Da schwamm ein Frosch an ihr vorüber. Etwas verwirrt blubberte er im rosa Schaum herum. Avrelia schaute ihm neugierig zu. »Nanu?«, flüsterte sie. »Du schwimmst ja auch!« Der kleine Frosch beachtete sie nicht. Seine langen Beine schob er vor und zurück, immer vor und zurück. So tauchte er durch den Schaum davon.

Avrelia zauberte sich rasch ein glitzerndes Schwimmbrett herbei. Daran hielt sie sich fest und legte sich flach hin. Sie zog ihre Beine an und streckte sie wieder. »Hei, so kann man prima schwimmen!«

Den ganzen Tag schwamm Avrelia durch den rosa Badeschaum.

»Beine vor und Beine zurück, das ist mein ganzes Feenglück«, sang sie leise vor sich hin. Und merkte gar nicht, dass Mama, Papa und Waldemar sie genau beobachteten. Denn natürlich ließen sie ihr kleines Feenmädchen niemals allein!

Bald konnte Avrelia auch ohne Schwimmbrett schwimmen. Zuerst half sie mit ihren Flügelchen noch etwas nach, später schwamm sie wie ein kleiner Frosch im Wasser herum.

Wie in einer normalen Badewanne auch wurde das Wasser bald kalt, und der rosa Schaum verschwand. Doch Avrelia merkte es gar nicht.

Als der Fluss wieder richtig kalt war, gab es einen riesigen Platscher – und Waldemars dicker Bauch tauchte neben Avrelia auf. »Du schwimmst ja wie ein Fröschlein«, brummte er fröhlich. »Gefällt es dir?«

»Ja! Und wie!«, jubelte Avrelia und krabbelte auf seinen großen Walrossbauch. Sie flirrte ein wenig mit den Flügeln, die im Nu wieder trocken waren. »Jetzt musst du jeden Tag mit mir baden«, forderte die kleine Fee. Und während Waldemar dröhnend lachte, zwinkerte sie dem kleinen grünen Frosch zu, der gerade noch einmal vorbeischwamm.

Jan und Julia in den Bergen
Margret Rettich

Jan und Julia waren noch nie in den Bergen. Julia fragt: »Sind Berge so hoch wie ein Haus?«

»Viel höher«, sagt Mama. Jan fragt: »Ist es weit dahin?« Es ist sehr weit. Sie fahren fast den ganzen Tag.

Dann sind sie in den Bergen. Die Straße hat lauter Kurven. Es geht immer höher hinauf. Die Häuser im Tal sehen so klein aus wie Legosteine. Papa wird schwindlig. Aber zum Glück fährt Mama das Auto. Julia fragt: »Sind wir bald da?«

»Jetzt sind wir da«, sagt Papa. Er schleppt mit Mama das Gepäck ins Ferienhaus.

»Überall ist Nebel«, sagt Jan.

Mama sagt: »Kein Nebel. Wir sind mitten in den Wolken.«

»Aber wo ist der Schnee?«, fragt Julia.

»Wir wollen doch Ski laufen!«, ruft Jan.

Mama sagt: »Wartet ab!«

Im Ferienhaus ist es ganz anders als zu Hause. Hier ist alles aus Holz. Sie schlafen unter dicken Federbetten. Morgens müssen sie Feuer im Ofen machen. Aber dann wird es schnell warm, und es gibt Frühstück.

Heute scheint die Sonne. Ringsherum sind die Berge zu sehen. Auf ihren Gipfeln liegt Schnee. Julia ruft: »Kommt, wir klettern einfach hoch!«
»Vorsicht, ihr seid keine Bergsteiger«, sagt Papa.

Mama sagt: »Wir gehen ins Dorf.«

Hinter einem Haus ist die Seilbahnstation. »Fahren wir jetzt auf den Berg?«, fragen Jan und Julia. Schon geht es los. Die Kabine hängt an einem dicken Stahlseil und schaukelt ein bisschen. Papa hält Julia fest, und sie hat gar keine Angst.

»Was fliegt da in der Luft?«, fragt Jan.

Mama sagt: »Das ist ein Paragleiter.«

Oben können sie ganz weit sehen, über alle Berge. Auf einer Terrasse liegen Leute in der Sonne und wollen braun werden. Auf der anderen Seite sehen sie Skilifte und viele Skiläufer.

Jan und Julia fragen: »Wann dürfen wir auch endlich Ski laufen?«

Als sie wieder im Dorf sind, sagt Papa: »Jetzt leihen wir für Jan und Julia die Skier und die Skistiefel aus.«

Julia sagt: »Ich will rote Stiefel.«

»Und ich will blaue«, sagt Jan.

Mama und Papa können schon Ski laufen. Aber Jan und Julia müssen es erst lernen. Die nette Skilehrerin heißt Elfi. Sie bringt es Jan und Julia und den anderen Kindern bei.

Am Anfang fallen Jan und Julia oft hin. Aber bald können sie fast so gut Ski laufen wie Mama und Papa. Sie dürfen auch allein mit dem Kinderlift hochfahren.

Heute wollen Jan und Julia rodeln. Erst rodelt Mama mit Julia, das geht gut. Dann rodeln Papa und Jan. Jan lenkt den Schlitten. Plötzlich kippen sie um und purzeln in den Schnee. Aber das macht nichts. Der Schnee ist ja ganz weich.

Über Nacht hat es tüchtig geschneit. Nun liegt auch im Tal viel Schnee. Sie machen einen Ausflug im Pferdeschlitten, und Jan und Julia entdecken sogar oben in den Bergen eine Gämse.

Leider sind die Ferien vorbei. Während Mama und Papa packen, bauen Jan und Julia draußen zwei Schneemänner. Der eine Schneemann ist Jan, der andere ist Julia. Julia sagt: »Wartet hier, bis wir wiederkommen!«

Die Brille
Kirsten Boie

Niko ist Jennys bester Freund. Er wohnt im selben Haus, nur drei Treppen höher, und ist ein ganz bisschen älter als Jenny.

Wenn Jenny sich langweilt, geht sie meistens zu Niko nach oben. Über die Treppe. Weil Kinder nicht allein mit dem Fahrstuhl fahren dürfen.

Niko hat viel schöneres Spielzeug als sie, findet Jenny. Deshalb spielt sie so gerne bei ihm. Niko findet, Jenny hat schöneres Spielzeug. Er will deshalb immer bei Jenny spielen. Aber heute geht Jenny zu Niko rauf.

»Hallo, Jenny«, sagt Nikos Mutter, als sie die Tür aufmacht. »Da wird Niko sich aber freuen. Er will dir nämlich was Neues zeigen.«

Niko ist nirgends zu sehen. Das ist komisch. Sonst kommt er immer gleich auf Strumpfsocken angerannt, wenn er Jenny hört.

»Geh mal in sein Zimmer«, sagt Nikos Mutter und schiebt Jenny in den Flur. »Du wirst schon sehen.«

Niko steht vor dem Spielzeugregal mit dem Rücken zur Tür. Als Jenny hereinkommt, dreht er sich ganz langsam um. Niko sieht ganz neu aus! Fast wie ein fremder Junge und viel schöner als sonst. Er hat seinen alten Mickymaus-Pullover an und eine Strumpfhose wie immer, und seine Haare sind auch nicht anders. Aber im Gesicht hat er eine Brille, die ist so hübsch!

Der Rand ist fast rund und rot, und wenn man ganz genau hinsieht, glitzert er ein kleines bisschen. Niko schiebt ein wenig die Unterlippe vor. »Na?«, sagt er. Ganz vorsichtig.

Aber Jenny sagt gar nichts. Es ist so gemein! Erst kriegt Niko zu Weihnachten ein gelbes Pumucklrad und dazu einen riesigen Plastikkran und jetzt auch noch eine Brille! Jenny geht lieber gleich wieder nach Hause.

»Ich hab nämlich eine Brille«, sagt Niko und nimmt sie sich von der Nase. Dann hält er sie Jenny hin. »Du kannst auch mal«, sagt er.

Da geht Jenny doch noch nicht. Sie setzt sich die Brille auf, und plötzlich sieht alles ein bisschen verschwommen aus. Dann schleichen sich beide ins Schlafzimmer zum Spiegelschrank, damit Jenny gucken kann, wie ihr die Brille steht.

»Was willst du dafür haben?«, fragt Jenny. Die Brille sieht toll bei ihr aus, und sie kennt auch kein anderes Kind, das so eine schöne hat. Nur immer Erwachsene.

»Brillen kann man nicht tauschen«, sagt Niko und zieht die Nase hoch.

»Doch«, sagt Jenny ernsthaft. »Gegen ein anderes Schmuckstück fürs Gesicht. Dann schon.«

»Ja?«, fragt Niko zweifelnd.

Jenny nickt energisch. »Was auch schön aussieht«, sagt sie. »Auch fürs Gesicht. Ohrringe.«

Das ist ihr zum Glück eben eingefallen. Ohrringe tut man sich auch an den Kopf, um schöner auszusehen.

Noch schöner wären natürlich Nasenringe, wie sie die Leute im Fernsehen in einem Film über Afrika drin hatten, aber so was hat Jenny in echt noch nie gesehen.

»Gegen Ohrringe kannst du ehrlich tauschen«, sagt Jenny, und da sagt Niko, dass er es macht.

Abends kommen Mamas und Papas Freunde zum Doppelkopfspielen und Jenny und Lisa dürfen noch Guten Abend sagen, schon gebadet und im

Schlafanzug. Aber ein kleines bisschen geschmückt hat Jenny sich trotzdem noch.

»Guten Abend, Onkel Peter«, sagt sie und zieht Lisa an der Hand hinter sich her auf den Flur.

Onkel Peter wickelt gerade einen großen Blumenstrauß für Mama aus, und Papa hilft Tante Gerda aus dem Mantel. »Guten Abend, Jenny!«, sagt Onkel Peter fröhlich.

Dann starrt er sie erschrocken an. »Liebe Zeit«, sagt er. »Braucht die arme Jenny seit Neuestem eine Brille?«

»Natürlich nicht«, sagt Papa und lacht, aber er guckt jetzt auch zu Jenny hin, und da wird er ganz aufgeregt.

»Nimm sofort die Brille ab!«, sagt Papa. »Und sag mal gefälligst, wo du das Ding herhast!«

»Das ist meine!«, sagt Jenny böse und hält die Brille ganz fest. »Die hab ich ehrlich von Niko eingetauscht!«

»Meine Güte, Jenny«, sagt Mama. »Eine Brille kann man doch nicht tauschen! Die kriegt man doch, weil man ohne nicht richtig gucken kann! Am besten, ich bring sie Niko gleich wieder rauf.« Und sie nimmt Jenny die Brille einfach aus der Hand.

Jenny geht böse in ihr Zimmer. Ihre Ohrringe will sie dann aber auch zurück. Und Mama muss sie morgen mal fragen, ob man Ohrringe vielleicht auch nur drinhat, weil man schlecht hören kann. Und Nasenringe wegen dem Riechen.

Quellenverzeichnis

Abedi, Isabel: *Ein Ehrenplatz im Intercity*. Aus: Abedi, Isabel: Kleine Ferien-Geschichten zum Vorlesen. © bei der Autorin

Ameling, Anne: *Neun nagelneue Räuber und eine Prinzessin*. © bei der Autorin

Arold, Marliese: *Eine Nacht bei Sina*. Aus: Arold, Marliese: Kleine Freund-schafts-Geschichten zum Vorlesen. © ellermann im Dressler Verlag GmbH, Hamburg 2002

Boie, Kirsten: *Die Brille*. Aus: Boie, Kirsten: Jenny ist meistens schön fried-lich. © Verlag Friedrich Oetinger GmbH, Hamburg 2003

Bosse, Sarah: *Bei Nacht sind alle Hamster laut*. Aus: Bosse, Sarah: Kleine Schlaf gut-Geschichten zum Vorlesen. © ellermann im Dressler Verlag GmbH, Hamburg 2005

Bröger, Achim: *Endlich kann ich allein einkaufen gehen*. © beim Autor

Fröhlich, Anja: *Schlaflos bei Oma Bielefeld*. © bei der Autorin

Gieseler, Corinna: *Zenos falscher Zauberspruch*. © bei der Autorin

Grimm, Sandra: *Das Wasser ist viel zu kalt!* © bei der Autorin

Inkiow, Dimiter: *Die Gespenster*. Aus: Inkiow, Dimiter: Ich und meine Schwester Klara. © ellermann im Dressler Verlag GmbH, Hamburg 2003

Klitzing, Maren von: *Was ist in den Wolken?* © bei der Autorin

Kolloch, Brigitte: *Träum schön, Vincent!* © bei der Autorin

Kummermehr, Petra: *Eine schnüffelleichte Aufgabe für Badou.* © bei der Autorin

Lindgren, Astrid: *Ich will auch Geschwister haben.* Aus: Lindgren, Astrid: Erzählungen. © Verlag Friedrich Oetinger GmbH, Hamburg 1990

Pressler, Mirjam: *Ben und Lena im Kindergarten.* © 1997 Loewe Verlag GmbH, Bindlach

Rahn, Sabine: *Eine Tagesmutter für Marie.* © bei der Autorin

Rettich, Margret: *Jan und Julia in den Bergen.* © Verlag Friedrich Oetinger GmbH, Hamburg 1992

Rose, Barbara: *Leo und der Delfin.* © bei der Autorin

Steckelmann, Petra: *Ein Armbruch ist kein Beinbruch.* © bei der Autorin

Streufert, Sabine: *Viel Wirbel auf dem Reiterhof.* © bei der Autorin

Vahle, Fredrik: *Fischbrötchen im Kuhstall.* Aus: Vahle, Fredrik: Fischbrötchen. Aus dem Leben einer naseweisen Schildkröte. © 2005 Beltz & Gelberg in der Verlagsgruppe Beltz, Weinheim/Basel

Westhoff, Angie: *Im Garten nebenan.* © bei der Autorin

Wich, Henriette: *Ronja Wirbelwind.* Aus: Wich, Henriette: Kleine Ballett-Geschichten zum Vorlesen. © ellermann im Dressler Verlag GmbH, Hamburg 2011

Zöller, Elisabeth: *Das Dreirad in der Dusche.* © bei der Autorin

ALLes RUNd ums THeMA VORLesen!

Auf **www.ellermann.de/vorlesen** finden Sie weitere tolle Bücher, Tipps und Ideen. Wir wünschen Ihnen viel Spaß beim Surfen und Vorlesen.

ellermann
DER VORLESEVERLAG